Ulrich Holbein

Heilige Narren

Ulrich Holbein

Heilige Narren

22 Lebensbilder

marixverlag

Bibliografische Information der Deutschen Nationalbibliothek
Die Deutsche Nationalbibliothek verzeichnet diese Publikation in der
Deutschen Nationalbibliografie; detaillierte bibliografische Daten sind im
Internet über
http://dnb.d-nb.de abrufbar.

Es ist nicht gestattet, Abbildungen und Texte dieses Buches zu scannen,
in PCs oder auf CDs zu speichern oder mit Computern zu verändern oder
einzeln oder zusammen mit anderen Bildvorlagen zu manipulieren, es sei
denn mit schriftlicher Genehmigung des Verlages.

Alle Rechte vorbehalten

© by marixverlag GmbH, Wiesbaden 2012
Lektorat: Dietmar Urmes, Bottrop
Covergestaltung: Nicole Ehlers, marixverlag GmbH
Bildnachweis: Heilige Narren, Montage von Ulrich Holbein
Gesetzt in der ShinnLight
Satz, Bearbeitung und Gesamtherstellung:
Bercker Graphischer Betrieb GmbH & Co.KG, Kevelaer
Printed in Germany

ISBN: 978-3-86539-275-6

www.marixverlag.de

Kleine Narrenkunde für Anfänger

Menschen und andere Leute spalten sich auf in Normalbürger und Narren. Narren wiederum zerfallen in Normal- und Extremnarren. Die Welt wimmelt von Halbnarren, Närrinnen und Pseudonarren, und zwar jede Welt. Anfänger erkennen Narren an deren törichten Ideen und Lebenszielen. Fortgeschrittene differenzieren Sonderlinge und Exzentriker. Hinzu treten Romantiker und Psychopathen, mal recht realitätsfern, dann wieder eher weltfremd. Launen und Grillen mutierten zu Marotten und Spleens. Manche übertreiben nicht nur, sondern steigern das dann noch langsam. Nirgendwo eine Wand, gegen die kein Kopf rennt. Hierbei stößt man an Grenzen. Vorwärtshumpelnde stolpern, und Hinangezogene rutschen ab. Das kann im Einzelfall mehrere Zähne kosten, später noch mehr, dann alle. Dann geht man hops oder taucht zurück in die Normalität. Dann ist man kein Narr mehr, es sei denn, man ruft: »Jetzt erst recht!« Idole wollen verstärkt durchgedrückt werden. Als Ökonarr kämpft man gegen Riesen, z.B. Windmühlen und andere Kraftwerke, also Atomkraftwerke, als Baumfrau gegen Abholzfirmen, als Tiernarr gegen Hühner-KZs, als Eulenspiegel gegen Zwangsjacken.

Anders gesagt: Je stressiger das Leben in heutiger Leistungsgesellschaft, desto stärker wächst das Bedürfnis nach entspannender Ventilfunktion. Je fieser das System, desto schriller das Narrengelächter. Andererseits: Narren sind oft auch keine Patentlösung.

Vorsicht vor Religion und Humor!

Weltweit im Vormarsch: Gottesstaaten als Motor, Fungesellschaften als Arabeske! Die einen schwingen Moralkeule und Weihrauchfaß, die andern Tanzbein und Fliegenklatsche. Die einen beten und verbieten zu viel, frommer als nötig; die andern lachen und meckern zu laut, so blasphemisch wie möglich. Aus jedem Massenmedium predigen und blödeln sie hervor: Unselige Päpste maßregeln die viel zu profane Welt, und unverdaulichen Entertainern ist nichts heilig. Beide müssen pausenlos missionieren und karikieren. Beide bedrängen die Menschheit mit dubiösen Bibeln und suspekten Pointen und lassen sie nie in Ruhe – wie indezent! Frechheit! Macht man das? Knöpfen Sie sich zu bis zur Kragenborte! Ja nicht mitsingen und mitblödeln! Lassen Sie sich nicht dauernd kreuzigen, und lachen Sie sich nicht ständig tot! Kaufen Sie Horror-Priestern und Terror-Clowns nichts ab! Je normaler der Mensch, desto lieber warnt er seine Mitbrüder vor gewissen Auswüchsen. Jede der 6000 USA-Sekten kann ein noch so absurdes Weltbild austüfteln und verballhornen – 1200 zahlende Mitglieder finden sich für jeglichen Spirit-Stuß. Wehret den Indizien und Anfängen im Keim! Nicht, daß es im Gebälk plötzlich unstatthaft knistert! Nicht, daß sich was einschleicht! Sobald Narren an den Grundpfeilern sägen und nagen – seid zur Not Stützen der Gesellschaft! 4 Mill. US-Bürger nahmen Anwälte und Therapeuten, weil sie von Aliens geschädigt wurden! Deshalb fordern wir:

Minderheitenschutz für Normale!

Wer wollte nicht mal ein bißchen normal sein dürfen? Wonnen der Gewöhnlichkeit – wo seid ihr?

Merke: Die Normalität des Menschen ist unantastbar!

Lassen Sie sich nie Ihre Normalität mit Füßen treten! Zum Glück trifft man im Leben relativ viele Normalbürger. Noch bilden sie in ihren Tiefgaragen und Flachdachbungalows ein gesundes Unterfutter, ein verläßliches Gegengift gegen unverantwortlichen Nonsens! Kein Bruttosozialprodukt treibt es lang ohne beständigen Nachschub an Normalbürgern. Andererseits: Normalbürger sind oft auch keine Patentlösung. Im Gegenteil.

Vorsicht vor Normalbürgern!

Sie sind leider oft derart normal, daß man schwermütig werden könnte. Psychisch völlig gesund, erkranken sie regelmäßig am Wahnsinn der Normalität. Sie sehn allzu oft arg normiert aus – ganz normal halt. Nirgendwo ein Fließband, von dem sie nicht kommen! Anfänger erkennen sie am neutralgrauen PC, am dunkelweißen WC, und nicht zuletzt an – noch irgendwas. Millionen Aschenputtel, farblose Mitarbeiter, seriös bebrillt, stehn im Stau, im Vorfeld staubgrauer Rentnerberge – Asche zu Asche, Staub zu Staub, diesseits von Herzschmerz und Aprilscherz. So ein Tag, so grau in grau wie heute, so ein Tag scheint selten zu vergehn. Selbst Sonderanfertigungen ähneln sich fatal, von hinten sowieso, von vorn aber ebenso. Humordefizite, gepaart mit mangelndem Drang nach höheren – und noch höheren – Wahrheiten, erhöhen die Chance, kein Narr zu sein. Wohin sie auch kutschen: nirgendwo weichen sie ab von sich selbst. Das bringt oft wenig.

Rasputin und Gustaf Nagel --
heilige Narren
zwischen Normalbürgern

Einer wollte abweichen und – wurde bloß pervers.

Andererseits: Normalität muß sich nicht absolut desolat anfühlen. Sie fühlt sich oft sogar gut an – ehrlich! Man muß halt nur in ihr stecken, und auch was dafür tun.

Also: Werdet, die ihr sowieso bleibt!

Problem: Normalbürger haben oft gleichfalls recht merkwürdige Hobbys, siehe Heinz-Otto Bohnlich. Kaum guckt ein stilechter Normalo in den WC-Spiegel, mit berechtigten Hoffnungen, darin ein ganz normales Gesicht zu erblicken – schon guckt eine vollkommen abwegige Visage zurück! Aber wozu bin ich vorher normal, wenn unter Trenchcoat und Nazirasur immer gleich wieder Flickenkleid und Büßerhemd hervorgucken? Feierabend, Wochenende, raus aus dem Resopalkäfig der Überstunden! Auf flaugrauem Bodenbelag stürzen sich zwecks Relaxing Millionen zivilisierter Workaholic-Typen auf ihre quarzgrau hartverschalten Receiver und ziehn sich Sambia und Sulawesi rein, Tunesien auf RTL, Köln, wie es singt und grölt! FKK, LSD und CSD auf VOX!

Absurdistan & Narragonien total

Narr zu sein, muß nicht jedem Betroffenen schaden – Hauptsache, am Aschermittwoch ist alles vorbei.

Doch in Rom und Venedig ließen die Narren am Schluß ihre Larven einfach drauf und wollten zum Business nicht zurückfinden. Zu Ostern und Nikolaus verebbte manchmal das Remmidemmi immer noch nicht. Saufkumpane bevölkerten derbfröhlich humpenschwingend jedes Mittelalter plus Barock und alle folgenden Zeitläufte und kreisten mit Weinkrug und mitgrölenden Sittenwächtern um die goldensten aller Stuten, Kälber, Stiere und Ochsen, um Götze Bauch. »Stultorum infinitus est numerus!« (*Eccl* 1,15) Mohren, Pagen, Fußknechte schwenkten burgundisches Banner, schleppten die reichbestickten Azurmantelschleppen von Spottkönig, Narrenpapst und Narrenmutter, vornweg Herolde, berittene Garden, Vögte, Falkoniere, die dank Waffenverbot lediglich mit Holz-Imitaten fuchtelten. Rügegerichte fällten lachsalvenauslösende Urteile. Bischofsstäbe mündeten in Narrenköpfe – keine Kanzel ohne Falltür! Narren bekamen Bartverbot, und Kleriker – Maskenverbot! Schelmenzünfte verbrannten als Weihrauch – Schuhsohlen. Olle Weiblein krähten: »I'd Muetter bi vom Antichrist!« Watschenfänger bekamen im Drommetenschall Versöhnungs-Bonbonnieren gereicht. Roßärzte, Riemer, Sattler stempelten auf freigelegte Hinterbacken: »So sag mir du au, wer du bist!« Auf Schaukissen wurden – Kotwürste präsentiert. Vorzeigepaare mit Eselsohren führten einen Actus carnalis vor, kreisende Becken, wie später auf Love Parades, auf denen dann leider der Knalleffekt fehlte, daß auch moribunde Uralt-Pärchen solch Ehestandsrambazamba und Kopulierruckizucki öffentlich vorführten. Endlich Mittelalter pur, katholische Prozessionen, von Karnevalsumzügen imitiert, eine einzige jahrhundertelange, quietschbunt verfilmbare, karnevalistische Farbenpracht und Massenorgie.

Dann aber kam der neutralgraue Aschermittwoch der Neuzeit und zog sich hin, und schon sahen punktuelle Mittelalterreste und Gotikzitate wie Richterrobe, Talarträger, Dalai Lamas, Saudis allesamt wie Kostümrummel aus. Vatikangestalten, wenn sie in ihren Domen und Kathedralen von Kondomen und Gott redeten und sangen, sahen hierbei aus wie todernste Narrhallesen, was wahnsinnig stilbrüchig, hülsenhaft und närrisch rüberkam, als wandelnde Selbstparodie. Unfreiwilliger Humor toppte immer verrückter den knapp noch freiwilligen Humor. Genauso: Karlheinz aus Wup-

Heilige Narren

Narren wachsen unbegossen.

Wer mit Narren zu Bett geht, steht mit Narren auf

Narren reden tyrannisch; aber die Weisen bewahren ihren Mund.

Besser ein witziger Narr als ein närrischer Witzling.

Stultorum infinitus est numerus (Eccl 1,15)

Narren Mund speiet eitel Narrheit. c. 13, 16.

Narrenschellen klingen bunter als Kirchenglocken.

Wo 5 sind, muß einer der Narr sein.

Narrentreiben im pausenlosen Mittelalter

Absurdistan & Narragonien total 11

pertal, der gern in den Jemen fuhr, pfropfte sich einen Turban auf, der aber seine banale Identität nicht ernstlich aufpeppen half. Entweder versteckt sich am Rosenmontag in jedem Vermögensberater sein wahreres Selbst, und das will grölen, rülpsen und foppen, oder andersherum: Geborene

Gustaf Nagel
Georgei Iwanowitsch Gurdjieff
Osho, alias: Bhagwan Shree Rajneesh
Maharishi Mahesh Yogi
Jiddu Krishnamurti

Auch Gurus wollen – jenseits von Zeit und Raum – manchmal ganz normal sein und die Verkehrsmittel ihrer Zeit benutzen

Witzereißer halten 333 Tage im Jahr die rauslaßbare Sau streng unter Verschluß. In summa: Das 20. Jahrhundert zog auf Jahrtausende humaner Farbenfreude eine technizistisch-kommunistisch neutralgraue Alufolie, kein Wunder, daß nun Milliarden Armbanduhr-Araber, PKW-Chinesen und Dosenkost-Russen verstärkt nach Kaiser, Sultan und Zar brüllen. Bevor gummibunt vergoldetes Königtum bei abschmelzenden Polkappen die zentralgeheizte freie Welt fortspült, bitte schnell noch die Relation zwischen Pigmentstörungen und Demokratie erforschen! Fragt sich nur, wie im Gegenzug bunte Diktaturen ihre Kostümfilmhaftigkeit loswerden wollen.

Narrologie für Fortgeschrittene

Experten unterscheiden Munaficun und Madschdubun, genauer: einerseits Nach- und Vorbeter, Mitläufer, Uneinweihbare, Hyliker, Muggels, kurz: Normalbürger, andererseits Übergeschnappte, von Dschinnen besessene Derwische, Sufi-Narren. Hinzu kommen Scheiche, Schelme und Spinner, und nicht zuletzt Oberspinner und viele andere Sorten, Typen, Leute und Menschen. Einerseits lassen sich Clowns, Chefs, Freaks, Guys, Snobs, Stars, Tramps, Wracks unterscheiden, andererseits Bettler, Boten, Bräute, Dandys, Denker, Dulder, Gurus, Gaukler, Huren, Kuppler, Lesben, Macher, Maler, Magier, Musen, Mönche, Mörder, Nonnen, Päpste, Pilger, Popfreaks, Prinzen, Scheiche, Schwuchteln, Staatschefs, Sammler, Softies, Spinner, Stifter, Stripper, Yogis und nicht zuletzt Baumnarren, Beichtväter, Bildhauer, Blutsäufer, Dorfdeppen, Einsiedel, Fischprediger, Gutmenschen, Großmäuler, Lustmolche, Knastbrüder, Kunstmaler, Mondnarren, Moonwalker, Schauspieler, Schwarzdenker, Stadtnarren, Türhüter, Tonsetzer, Totmacher, Weinfreunde, Wortführer, Ulknudeln, Umwerter und Zuchthäusler.

Alle diese Abenteurer, Alchimisten, Blödelbarden, Busenwunder, Casanovas, Dadasophen, Dao-Dichter, Dschungelhelden, Eingeweihte, Eigenbrötler, Einzelgänger, Fetischisten, Frugivoren, Geognosten, Hilfsarbeiter, Kavaliere, Komponisten, Kupferstecher, Liebesboten und Müslifresser kamen auf diese Welt, um vom gesunden Mainstream pathologisch und theologisch abzuweichen. Religionen kämpften gegen Mystagogen, Mythologen, Okkultisten, Pädagogen, Serienkiller, Tänzerinnen, Theosophen, Pantomimen und Possenreißer und hielten ihre Anhänger zum Narren.

Kaum kamen religiöse Mitläufer mit viel Ach und Krach in jeweiliger Evidenz an, stand nicht mal ein halbwegs greifbares Nirwana zur Verfügung. Götter foppten arme Säue und Seelen mit grausam unzumutbarer Nichtexistenz. Patriarchen, Rattenfänger, Selbstvergotter, Tagediebe, Visionäre, Wüstentöchter, Wunderkinder und Zappeltanten schossen ständig wieder aus dem Boden, in den sie ständig wieder gestampft wurden, um nicht zu sagen: zurückgebombt. Ketzer wichen vom Dogma oft verblüffend geringfügig ab. Dissidenten kommen also genauso vom Fließband. Banale Gestalten funktionieren genauso wie die berühmtesten Heiligen, die mit Stigmatum, Gotteskuß und Qualitätsstempel auf frommer Stirn: »Echt!« Kein Wunder, daß im ABC Tiervater Brehm neben Buddha landet, und Turnvater Jahn neben Jesus. Was unterscheidet falsche Fuffziger und echtes Katzensilber?

Frühe Obergurus und göttliche Greise (*à la Pythagoras, Petrus, Dionysius Areopagita, Melchisedek, Jesus von Panthera*) sahen im Rückblick, kraft Patina & Exotik, unsagbar gültig aus, heilig, unerreichbar groß, jeder Kontrolle entzogen – vor Ort aber geizten sie mit Wunderheilungen und rechtzeitigen Originalzitaten sehr, oft auch mit spirituellem Format.

Obergurus und göttliche Greise

Und vice versa: Ausbrüter dubiöser Privatreligionen stiegen zu Weltreligionsstiftern auf. Narren, die man postum weihevoll hochschaukelte, trumpften als Jahrtausendgestalten auf, aber Narren, die man zufällig zu pushen vergaß, hatten sich zu begnügen, bloß als Sektenchefs zu hausieren.

Päpste sprachen zentnerweise frömmelnde Schwundköpfe – darunter auch Mörder – selig und heilig, und andersrum: Päpste ließen vernunftbegabte Vordenker jahrhundertelang umsonst auf Rehabilitierung warten.

Am Schluß nippeln Karrieristen so tragisch und kläglich ab wie Narren, schrumpfen weg und gehn von uns – wozu eine künstliche Zweiteilung derselben vertrackten Chose? Viele Narren sind so humorlos gebaut wie Ezechiel, Savonarola, Franz von Assisi oder Osama bin Laden, der genau wie ein Hofnarr die Welt mit makabren Scherzen aufrüttelte. Komische Mystiker übertrumpften profane Kleriker. Kosmische Träumer und Psychiatriepatienten leuchteten heiliger als 365 Kalenderheilige. Windbeutel, Sexgurus, Scharlatane brachten mehr Wahrheit rüber, zur Not auch bloß ›truth‹, als hochseriöse Menschheitslehrer. Falls sie recht haben mit ihrer schönsten These »In jedem Tautropfen steckt der Ozean«, dann wohnt in absolut jedem verklebten Pennergehirn und Wahnsystem das ganze göttliche Universum! Selbst in gottlosen Zeiten hören wunderliche Heilige nicht auf, ihr Unwesen zu treiben, und ihr Wesen.

Fazit: Normalbürger sind oft noch närrischer als andere Narren. Und vice versa: Narren sind oft nicht weniger närrisch als andere Leute. Wand an Wand, ja: Wange an Wange, im Global Village: One Big Family, One World, Yin & Yang! Die Unterscheidung, die man zwecks Dualismuspflege unerleuchtet aufrechthielt, kann in schwachen Minuten und hellen Momenten bestens entfallen, zwecks Unio mystica, Coincidentia oppositorum & Tat twam asi & Apokatastasis panthon. Aber zum Ausgleich, daß für Stino-Leute Buddha wie Uriella aus demselben Holz geschnitzt wurden, sehen Sektenopfer ihre Ausbeuter gern als Bodhisattwas.

Hereinspaziert – Eintritt nur für Verrückte

Farbtupfer dieser grauen Welt: Herzbuben und Herzdamen können keinen einzigen Joker ersetzen. Endlich bildschöne Wahrheit, kaum umzingelt von Realität! Selbst Engel wärmen sich an Nonsenseversen! Ein Königreich für eine Windmühle, gegen die ich kämpfen könnte! Doch hüte dich, gewissen Narren ähnlich zu sehn! Sonst geht alles immer so weiter, mit dieser fragwürdigen Welt. Pick einfach mal ein paar heraus, zwecks näherer Untersuchung. Aber öffnest du einem die Tür, kommen gleich 333 herein, oder 222! Eine Demokratie für eine Phänomenologie, damit endlich jeder erfährt, wie solche Subjekte ticken und woran man sie erkennt. »Kosmos sucht 22 Superstars!« »Wir warten draußen vor der Tür.« »So voll hier – nix wie raus hier!« Drinsein oder Nichtdrinsein, in Google und Mahabharata, Kanon und Pantheon, Kosmos, Panoptikum und Narratorium.

Jede Einzelfigur saß geduldig im Vor- und Wartezimmer, im zen-buddhistischen ›Niwa-Zume‹, einzuwandern in 7 x 7 Narrenhimmel, vorbeizuschlüpfen an TÜV-Prüfstand, Riechkontrolle, einköpfiger Jury, oje, sogar Rampe, mit und ohne Schmiergeld für Hausmeister und Torhüter. Größte Namen rückten an, IPs & VIPs (important persons & very important persons), Oberbonzen, Überformate, Supergirls, in Sänften herbeigetragen, eingeflogen von Sponsoren, umflort von Nimbus und Corona, umwedelt von Meßdienern, Autogrammjägern und Fans! Trittbrett- und Schwarzfahrer drängten herbei, Scheinheilige, Durchschnittsspinner, leider auch Arschlöcher mit Ohren. Sind das alles Scharlatane oder religiöse Genies? Das konnte bisher keiner rausfinden. Jüngern fehlt kritischer Anstand, Sensationsreportern fehlt spirituelles Feeling. Kein Tierlein sei zu klein, um aus dieser Arche ausgemendelt zu werden und fern von Bug und Heck weiterzupaddeln.

»Wieso bin ich dann trotzdem nicht drin?« »Hätt man mich nicht weglassen können?«

Wohl dem, der nie hineingeriet in die Mühle! Tröste dich, ich bin auch nicht drin. Hier und da schimmert Ulrich Holbein, falls ihn wer vermißt, durch die Zeilen. Wegweisende Renomméeträger als Trottel entlarven – Knallköpfe zu Weltweisen erheben!

Es gab halt Platz- und Transportprobleme, technische Gründe; es gab menschliches Versagen, soziale Überbuchungen, 111 km lange Staus – Indian Air & Bundesbahn streikten simultan! PCs stürzten ab! »Diese Schießbudenfigur soll – ich sein?« »Zu Lebzeiten sah ich völlig anders aus!« Ich hielt mich akribisch an die Fakten, aber alchimistisch beleuchtete sich alles um. »Wenn ich das je so gesagt hätte, müßt ich's doch wissen, oder?« »Geistesgeschichte ist kein Menschen-Zoo!«

Narren in Christo & Buddho – endlich alle beisammen!

Viren sind halt sehr wandlungsfähig. Menschen können sich ändern, je nach Sehstärke. Brille putzen – guck in diesen unbestechlichen Zerrspiegel! Ein Narrenschiff, dichtgedrängt im Schiffsbauch untergehender Titanic, wohldosiert überfrachtet, aufgebläht zum Narrenjumbo, der durchs Tollhaus des Weltalls fliegt! Asylrecht! Mehr Irrlicht! Im Hunderterpack billiger: Flaschenpost für Unmusikalische! Only for you – True lies für untergebutterte Übermenschen und andere Zwergpinscher! Hausapotheke, Last Supper und Affenbrot für Carnivoren, Gourmands und Spamfilter! Die Karpfen viel fressen, die Predigt vergessen.

Reisender Greis kreist um weiche Weisheit

Laozi – Archivar, Ruheständler, Dao-Denker (6. Jh. v.Chr.)

Er kam aus dem Dörfchen Gü Jen im Staate Dschu (später: Provinz Honan) und versteckte sich hinter dem häufigsten aller Familiennamen: Li (hundertmal häufiger als der Name Müller). Sein Milchname lautete Erl – Ohr. In seinem Beruf – Tempelschreiber, Annalist im Reichsarchiv, Verwalter von Opfer- und Weihschriften, Bücherrollenwurm – fühlte er sich zwar nicht heimisch, hielt es aber darin jahrzehntelang aus. Nach außenhin ein Rädchen im pragmatisch wohlgeordneten Getriebe, empfand der Staatsbeamte sich als außenstehend. Alle stiegen im Frühling lachend auf Türme; er aber stand abseits und lachte nicht mit. Erst als ausgemusterter Pensionär, altertümlicher gesagt: in höchstem Greisenalter, betätigte er sich als Aussteiger. Der seriöse Antipode jedes heiligen Narren: Kungzi (*Konfuzius*) empfahl seinen Schülern, nicht hinterm Ofen zu sitzen; Laozi, sobald ein Schüler ihn um Reiseerlaubnis bat, sagte: »Die Welt ist überall so wie hier.« Er verließ aber dann selber seine Heimat, mit unbekanntem Ziel, überholte den Schüler, der daheimzubleiben hatte, hielt sich also nicht an seine eigene Weisheit »Ohne aus der Tür zu gehn, kannst du die Welt sehn«. Laozi, als wär er ein Konfuzischüler, wollte nicht hinterm Ofen sitzen. Er packte nur das Nötigste, aber es wurde dies und das. Statt taoistisch bewegte er sich touristisch auf den Westen zu. Erhoffte Laozi sich dort blaueren Himmel als blauen? Das einzige, was den Einzelwanderer vom Pauschaltouristen abhob: eine fehlende Rückfahrkarte. Laozi überschritt Schlagbaum und Grenzmarke, die es im Daoismus eigentlich nicht gab. Laozi wechselte die Sphäre. Der (immanenzbetont) reisende Daoist vollzog eher eine buddhistische (transzendiersüchtige) Durchbruchsreise. Laozis Grenzposten wurde zum Todesengel. Der reisende Greis wurde zum sterbenden Seneca, der seinem Schüler schnell noch letzte Worte in die Binse diktierte.

Nach Laozis Grenzübertritt verloren sich Laozis Spuren, die auch vorher schon fehlten. Er schritt oder ritt seinem postumen Ehrennamen Laozi entgegen (*alias: Laotse, Lao Dse, alter Meister*), der auf fast jeden altgewordenen, halbwegs vernünftig erscheinenden Mann zutreffen konnte. Windtourist Liäzi flog auf dem Wind. Zhuangzi brauste als Vogel Pöng förmlich als vorchristlicher Jumbo-Jet über die Wachteln des Massentourismus elitär hinweg und hinaus aus den Grenzen des Staubes. Verschwand

Laozi? Verschied Laozi? Verschwinden und Verscheiden flossen daoistisch ineinander.

Der historische Laozi versuchte im Verborgenen zu bleiben: »Der beste Wanderer hinterläßt keine Fußspur.« Aber der postume Laozi stieg auf in die einstellige Kopfzahl weltberühmter Religionsstifter. Sein legendär nachgeschobenes, leider namenlos gebliebenes Symboltier Büffel ritt im überregionalen Überblick Seite an Flanke mit Kanthaka, dem Pferd Buddhas, und Dudul, dem Maultier Muhammads, und dem Esel, auf dem Jesus in Jerusalem einritt. Laozi kam nach Jesus, Muhammad und Buddha auf Platz 4. Die (vorläufige) Unaustilgbarkeit seines Namens korrespondierte mit seinen (fehlenden) Lebensdaten. Alle von Bürokratie und Pragmatismus absorbierten und traktierten Chinesen, sobald sie in überfüllten Vielvölkerstaaten und Metropolen an Mystikdefizit litten, sich auf verlorenem Posten fühlten und nach ein wenig Eremitentum sehnten, kamen auf Laozi, Liäzi und Zhuangzi zurück. Tang-Eremiten, die Laozis leidgeprüftes Outsidertum kopfnickend unterstrichen und die ihre Beamtenlaufbahn so früh wie möglich, statt erst am Schluß, in den Wind schlugen, lebten insgesamt viel naturverbundener, viel daoistischer als der Stammvater aller Daoisten, dem sie ihre eigene Freude an zurückgezogener Blumenzucht und an unendlichen Fernblicken über herbstliche Bergkulissen vordatierend-rückwirkend unterschoben und ins Wort Daoismus für immer einsickern ließen. Verrückte Volksphantasie umspielte den weißen Fleck von Laozis Ahistorizität mit knallbunten Legenden, auf dem Level von Ochs und Esel bzw. Buddhas schwangerer Mutter Maja, die von einem weißen Elefanten träumte: Laozis Mutter ging alsbald, nachdem sie auf eine Sternschnuppe geguckt hatte, 81 Jahre lang mit Laozi (auch übersetzbar als: altes Kind) schwanger, entsprechend der Kapitelzahl des Daudöging. Laozi trat als Achselhöhlengeburt hervor, vaterlos, wie das seiner Mutterfixiertheit entsprach, als frühvergreister Säugling, der sofort auf einen Li, einen Pflaumenbaum zeigte, und sagte: »Dies soll mein Name sein.« Zufällig hieß die Mutter ohnedies Li. Auch Konfuzi wuchs vaterlos auf und stand seinen Mann (*genau wie Laoziübersetzer Richard Wilhelm!*), ohne zeitlebens von Mutterschoß, vom Geist des Tals, vom dunklen Weib reden zu müssen. Laozis Vaterlosigkeit wurde sowenig verbürgt wie seine Existenz, Laozi aber verklärte unmännlich den ewigen Schürzenzipfel. Seine berühmteste Weisheit: »Weich besiegt Hart« mochte parallelgeschaltet werden mit Jesus' Wangehinhalten und indisch gewaltlosem Widerstand, nachzitternd bis in deutsche Sprichwörter, daß steter Tropfen den Stein höhle. In Industriezeiten las sich Laozi dann nochmal anders: Jeder Spätromantiker, jede lonely crowd entfremdeter Gesellschaftsmitglieder, die von sich sangen »Fremd bin ich eingezogen, fremd zieh ich wieder aus«, teilte Laotses Lebensgefühl sehr, über Zeit und Raum hinweg. Im 80. Kapitelchen seiner Spruchsammlung zeigte sich der Ur-Softie (Dao besiegt Tao) als alternativer Hardliner (*2500 Jahre vor der Alternativbewegung ab 1970 n.Chr!*), als Energiesparer, der dafür plädierte, die Gürtel enger zu schnallen, Heizung runterzudrehn, Fahrzeuge in der Garage zu lassen, d.h. nicht einmal die damals vorhandene agrarische Gerätetechnik zu benutzen. Laozi fuhr das ganze Argumenationsarsenal späterer Ökofreaks auf: Small is beautiful! Tante-Emma-Läden statt anonyme Einkaufzentren! Biodynamische Stadtflucht statt Ballungszentren, Massentourismus und Verkehrschaos, Altbau statt Betonklotz, Fachwerk statt Mietfron, Jute statt Plastik, auf Laozis technologischer Ebene: vorsintflutliche numerische Knotenschrift statt die damals relativ neu erfundene vorchristliche Pinselschrift. Laotse trauerte nicht nur der Chimäre eines dao-gemäßen Goldenen Zeitalter nach; er sehnte sich allen Ernstes in neolithische Zeiten zurück. Statt päpstliches »Seid fruchtbar und mehret euch!« dekretierte Demograph Laozi: »Das Volk sei gering an Zahl«, plädierte also für die Ein-Kind-Ehe, Jahrtausende zu früh, und alles umsonst. So um 1920 n.Chr. kreiste verfeinerbare Sinologie um Laozi, der dadurch als historische Person fast greifbar wurde, um sich dann doch wieder ins Nebulöse zurückzuziehen. Die häufige Frage »Gab's ihn wirklich?« formte sich um in »Wie oft gab's ihn?« Der Lao Dan, der bei Zhuangzi vorkam, wurde von Anfang an für Laozi gehalten. Laozi stand für immer gleich weit weg von Maobibel (dem absoluten Gegengift des Daodödschöng), vom erwachenden Riesen, von Machtfaktor, Wirtschaftswachstum und Turbokapitalismus. Laozi blieb verdammt, ein namhaftes Nischendasein weiterzuführen in blasiert gurusuchenden Esoterikkreisen übertechnisierter Überdruß- und Wegwerfgesellschaften der Nordhalbkugel.

Worte des Laotse: Was ihr redet, betrifft Menschen, die mitsamt ihren Knochen längst vermodert sind. Nichts ist von ihnen geblieben außer Worten. Ein edler Mensch fährt im Wagen, wenn die rechte Zeit gekommen ist, und kommt sie nicht, packt er sein Bündel und geht. Wie ich gehört habe, weiß ein guter Händler seinen Besitz zu verbergen, als besäße er nichts; der edle Mensch gleicht äußerlich einem törichten Taugenichts. Tut ab euren Hochmut, eure Gier, Euer Gehabe und unziemliches Streben! Nichts davon wird euch nützen! Das ist es, was ich euch zu sagen habe, und sonst nichts!

Laotse über sich selbst: Ich bin wie gelähmt und kann kein Zeichen geben, wie ein Milchkind, das noch nicht lächeln kann, wie ein schlapper Wanderer ohne Zuhaus. Alle leben im Überfluß; ich allein lebe so, als hätt ich alles verloren. Ich hab das Herz eines Taugenichts! Alle leuchten, ich allein dumpfe vor mich hin. Alle sind so scharfsinnig, ich allein bin beschränkt, ruhelos wie das Meer.

Andere über Laotse: Vom Drachen weiß ich nicht zu sagen, wie er sich erhebt auf Wind und Wolken und in den Himmel steigt. Heute hab ich Laozi gesehn – ob er wohl dem Drachen gleicht? (*Konfuzi*) – Er ist für mich seit vielen Jahren das Weiseste und Tröstlichste, was ich kenne, das Wort Tao bedeutet für mich den Inbegriff jeder Weisheit. (*Hermann Hesse an Romain Rolland, 8.11.1921*) – In Kung-Futses Gesprächen ist man noch auf festem Boden; doch später löst sich alles immer mehr und mehr in der Dunkelheit auf, Laotses Sprüche sind steinharte Nüsse. (*Franz Kafka zu Gustav Janouch*) – Er muß in jeder Beziehung ein Eigenbrötler gewesen sein, in dem China der Vorzeit ein Verächter staatlicher Ehren, staatlichen Herkommens, staatlicher Zwecke; heute würde man sagen: ein Edelanarchist. (*Fritz Mauthner, 1923*) – Der maßvolle Lehrer wurde sichtbar als einer, der zurücktrat. Aber der eigentliche, der mystische Lehrer des Tao erschien dadurch, daß er verschwand.

Laozi: »Alle haben etwas, wofür sie leben; ich allein bin querköpfiger als ein Hinterwäldler. Ich bin anders als andere Menschen. Denn ich verehre die nährende Mutter.«

(*Ernst Bloch, 1936*) – Hoch oben zog der Adler seine einsamen Kreise. Hier stand er, Lao-Tse, begrenzten Leibes, doch unbegrenzter Seele; wissend um die Einheit alles Lebendigen, auch wenn es in zahllos voneinander verschiedenen Erscheinungsformen sich kundtat. Waren unvertraut auch die Leiden und Freuden in unvertrauten Körpern, so pulsten sie alle doch in dem Herzschlag, den Tao vorantrieb, den Tao beflügelte, dem Tao die Lust der Weltglut eingab. (*Charles Waldemar, 1958*) – Buddha ist monoton. Er ist eine einheitliche Sache, sauber, logisch, geradeausgehend, linear. Aber Laotse springt im Zickzack, er läuft wie ein Verrückter. Deshalb erreichen ihn nur sehr selten Sucher; deshalb gibt es keine organisierte Religion für Laotse. (*Osho, alias: Bhagwan Rajneesh*) – Der Alte Meister steht bis heute in dem für einen Weisen ziemlich unpassenden Ruf, ein Anarchist gewesen zu sein. Aber Lao-Tse wollte den Staat nicht abschaffen, schon gar nicht mit Hilfe von Terrorakten, sondern ihn so weit wie möglich reduzieren. (*Gisela Gottschalk, 1982*)

Es ging eine Seele auf Reisen

Hermotimos aus Klazomenai –
Ehetrottel, Wackelkandidat, Astralwanderer (um 650 v.Chr.)

Er kam von der Westküste Kleinasiens, aus der Keramikmetropole Klazomenai. Oft antwortete er seiner Ehefrau nicht, hörte fast nie zu, hockte teilnahmslos in einer Ecke, kümmerte sich um den Nachwuchs nicht und unternahm fast nie etwas, um solchen in die Welt zu setzen. Ob er zeitweise einem Beruf nachging, wurde nicht überliefert. Hatte er einen Apfel zu Ende gegessen, konnte er noch stundenlang mit dem Apfelgrieps in der Hand herumsitzen und Stubenfliegen beobachten. Anfangs war ihr das gar nicht so aufgefallen. Anfangs tat er noch so, als höre er zu. Über seine interessiert guckenden Augen legte sich ein glasiger Schleier, und schon ging alles zum anderen Ohr raus. Er schlief sogar gelegentlich mitten im Beischlaf ein. Sobald sie ihm Wichtiges erzählte, hörte er genauso wenig hin. Körperlich fehlte ihm nichts, aber beim Essen sank ihm einmal das Gesicht in die Suppe. Oft blieb er mitten auf der Straße versunken stehn und merkte nicht, daß alle ihn überholten, komisch anguckten oder anrempelten. Oft lag er mit weggedrehten Augen und offnem Mund im Weg herum, mit Speichelfaden, unansprechbar, unerweckbar, aber nicht aus Dummheit oder Faulheit, sondern geradezu scheintot. Man rüttelte ihn, doch seine fortgedrehten Augen kamen nicht zurückgerollt. Mystische Abwesenheitszustände flogen ihn an und rafften ihn hinweg, manchmal nur sekundenlang, später sogar stundenlang. Zunehmend genervt und vergrätzt stieg sein Weib im Haushalt über ihn hinweg. Kam er dann wieder zu sich, wie aus einer anderen Welt – was man aber auch hätte schauspielern können –, berichtete er stockend von Geschehnissen in bunten fremden Ländern, dergestalt detailliert, als wär er Augenzeuge gewesen. Im Haus wollte das trotzdem keiner hören. Beschäftigte er – wie manch ein Zauberkünstler oder Wahrsager – heimliche Kundschafter, Zuträger, zum Schweigen verpflichtete Mitarbeiter? Mitunter lag er ohne Nierenschutz zwei Stunden auf kalten Steinen. Seine plattgelegene Wange spiegelte sich in einer Speichelpfütze. Wer würde sowas simulieren wollen? Manche meinten, er hätte Freude dran, sich totzustellen und andere zu erschrecken. Jedesmal lag er noch echter und länger tot herum, um dann doch wieder Glanz in die erloschenen Augen zu bekommen. An seine

marixverlag

Diese Karte entnahm ich dem Buch:

Mich interessieren folgende Themen:

☐ Geschichte
☐ Philosophie
☐ Weltreligionen
☐ Judaika
☐ Weltliteratur
☐ Kunst

☐ Bitte schicken Sie mir das Gesamtverzeichnis **marixverlag**.

☐ Bitte informieren Sie mich regelmäßig über Neuerscheinungen.

☐ Bitte schicken Sie mir das Gesamtverzeichnis Edition Erdmann „Alte Abenteuerliche Reise- und Entdeckerberichte".

Alle Informationen unter www.marixverlag.de

Absender

Name, Vorname

Straße, Nr.

Plz, Ort

Telefonnummer *

Faxnummer *

Email *

Unterschrift

* freiwillige Angabe

Für Ihre schnelle Anfrage:
info@marixverlag.de

Rückantwort

marixverlag GmbH
Römerweg 10
65187 Wiesbaden

Bitte ausreichend frankieren

zwei vorigen Inkarnationen vermochte Hermotimos sich exakt zu erinnern, Euphorbos und vorher, Aithalides. Auch das wollte sich keiner anhören. Sein Weib hielt ihm Standpauken, die spurlos von ihm abperlten; er war zu gut oder zu ungenügend für die enge Welt, in der er immer weniger steckte. Blackouts liefen mit Fehlmeldungen um die Wette. War's Bosheit oder Verzweiflung, als seine zunehmend vergrätzte, dann abgehärmte Ehefrau eines Tages überall verkündete, er sei nun doch von uns gegangen, endgültig, leider, und zwar steckte sie das vor allem seinen Feinden, den Kanthariden, die ihn umgehend bzw. auffällig überstürzt beisetzten oder verbrannten. Wurde der Arzt, der seinen Leichnam überprüfte, bestochen von den Kanthariden oder ihr, oder war tatsächlich keinerlei Puls zu fühlen? Hatte sie ihn wirklich für tot gehalten oder nur die Nase voll, und setzte einen Lebendigen bei, dessen Seele jeden Moment aus Hindustan zurückkehrte und nun plötzlich keinen Eingang mehr fand in einen erstickten oder verkohlten Leichnam? Entweder spielte sich auf der Astralebene ein Drama ab: Eine Seele suchte verzweifelt ihren Leib und zappelte in Panik bezugslos im Luftleeren. Angenommen, Hermotimos hätte als Scharlatan Scheintod stets nur simuliert, wär er doch sicherlich bei den Bestattungsfeierlichkeiten plötzlich erwacht, spätestens bei entzündetem Feuer. Gab er sein Leben hin, um nicht als Simulant entlarvt zu werden? Oder aber: Hermotimos war vielleicht einfach nur gestorben, eines ganz natürlichen Todes, und fertig. Seine Witwe, die viele nicht leiden konnten, eine Giftnudel, eine vorsokratische Xanthippe – oder einfach nur eine Vielgeprüfte? –, trauerte sehr, was man aber auch hätte schauspielern können.

So heftig die Gerüchte schwollen und züngelten, bereits nach ein, zwei Generationen wußte man nichts Genaues mehr. Hermotimos verschwand, ohne greifbar aufgetaucht zu sein, hinter ausdünnenden, statt aufschwellenden Legenden. Bereits in der Antike tat man die monströse Story als Märchen ab und vergaß ihn nach Möglichkeit sehr. Ab und zu fiel er irgendwem nochmal ein. Weder wurden seine Schriften überliefert noch Ihrn Aussprüche in den Mund gelegt. Aber seine mystischen Abwesenheitszustände gruben sich im Gedächtnis ein, im Gegensatz zu sonstigen Lebensdaten. Man baute Hermotimos einen Tempel, dessen Mauern nicht ewig hielten und dessen Standort in Vergessenheit absank und den keine Frau je betreten durfte; denn eine Frau hatte Hermotimos verraten. Nach seinem Ableben inkarnierte er als der delische Fischer Pyrrhos, und danach hochprominent und schier historisch als Pythagoras. Einerseits heißt es bis heute, Anaxagoras, der gleichfalls aus Klazomenai stammte, hätte erstmals die Lehre vom Nus (= *Nous*) gelehrt, also den Geist als Anschubser oder bewegendes Prinzip betrachtet, andererseits berichtete Aristoteles über Hermotimos, er hätte bereits zweihundert Jahre vor Anaxagoras dessen Nus-Lehre vorweggenommen. Tatsächlich würde die Lehre vom Geist, der Körper anschubst und herumbewegt, bestens zu Hermotimos passen. Nur wenige Autoren – Porphyrios (*Vita Pythagoras 45*); Hippolytos philosophos 2,11 (*Diels, Doxographi graeci 557,7*); Plutarch (*De genio Socratis 22, 592 cd*); Diogenes Laertios (*Leben und Meinungen berühmter Philosophen*), Buch 8,5, C. Plinius Secundus der Ältere (*Naturkunde, Buch VII, Anthropologie, Paragraph 174, und Tertullian (De anima 44*) – kamen spärlich auf Hermotimos von Klazomenai zu sprechen. Lukianos aus Samosata zog in seinem »Loblied auf die Fliege« die Hermotimosgeschichte heran, um darzutun, daß die Fliege unsterblich sei, nämlich ab und zu sterbe und dann doch wieder herumfliege. Nicht einmal ward es Hermotimos vergönnt, als Stammvater aller Astralreisenden angemessen einzuwandern ins erste Kapitel späterer Bücher über Astralprojektion, Bilokation und OBB-Erfahrungen (*Out-of-Body*) wanderte Hermotimos von Klazomenai, der Stammvater aller Astralreisenden und Hinweggenommenen, nicht hinein. Andere Raptus-Günstlinge: Henoch, Zhuangzi, Liäzi, Hans Engelbrecht.

Andere über Hermotimos von Klazomenai: Unter den Beispielen haben wir aufgefunden, dass die Seele des Hermotimos aus Klazomenä unter Zurücklassung des Körpers herumzuirren und umherschweifend aus der Ferne vieles zu berichten pflegte, was nur von einem Anwesenden erkannt werden konnte, während der Körper in der Zwischenzeit halbtot war, solange bis Feinde, die Kanthariden genannt wurden, nachdem sie diesen verbrannt hatten, der zurückkehrenden Seele gleichsam die Scheide wegnahmen. (*C. Plinius Secundus der Ältere:* »*Naturkunde*«, *Buch VII, Anthropologie, Paragraph 174*) – Nachdem Euphorbos gestorben, sei seine Seele übergegangen in den Leib des Hermotimos, der seinerseits sich beglaubigen wollte und zu dem Ende sich zu den Branchiden begab; dort wies er nach seinem Eintritt in den Tempel des Apollon auf den Schild hin, den Menelaos da aufgehängt hatte. Menelaos nämlich – so sagte er – habe nach seiner Abfahrt von Troja dem Apollon den Schild geweiht, der bereits stark vom Zahne der Zeit gelitten, so daß nur noch das elfenbeinerne Antlitz erhalten war. (*Diogenes Laertios: Leben und Meinungen berühmter Philosophen, Buch 8,5*)

Als Hundekönig im Unflat auf Menschensuche

Diogenes von Sinope – Kyniker, Provokateur, Parasit (414–323 v.Chr.)

Der Bankierssohn vom Schwarzen Meer wurde verbannt, aus unklärbaren Gründen, wohl, weil sein Vater und er Geld fälschten. In Athen drängte er sich zeitweise dem kynischen Urvater Antisthenes als Schüler auf, von Piraten als Sklave nach Korinth verkauft. Abgemagert zum Billigprodukt mit Schleuderpreis, ging er auf einen Transvestiten oder Hermaphroditen, jedenfalls arg femininen Käufer zu: »Kauf du mich. Du scheinst mir einen Mann nötig zu haben«, gelangte in ein vornehmes Haus, wo er als Erzieher die Kinder seines Herrn, dem er Anweisungen erteilte, ohne ihn zu verärgern, lehrplangemäß reiten lehrte, Speere werfen, Schleuder schießen, aber Gewicht drauflegte, Dichtung, Historie und seine eigenen Schriften auswendig lernen zu lassen. Freigelassen pendelte er zwischen Athen und Korinth. Wenn alle sich sorgten, grämten und lamentierten, lachte er betont unbesorgt. Sein ganzer Besitz paßte in einen Ranzen, eine Art antiken Picknickkorb. Geld, das er annahm, nannte er, statt »milde Gabe«, »Rückerstattung«. Als Bettler bettelte er Statuen an, um sich im Nichtsbekommen zu üben. Zwecks Abhärtung wälzte er sich sommers in glühendem Sand, und umarmte winters eingeschneite Bildsäulen. Knochen, die man ihm hinwarf wie einem Hund, bepißte er wie ein Hund. Lausbuben, die Angst zeigten, er könne sie beißen, rief er zu: »Keine Angst, Kinder, ein Hund frißt kein Grünzeug.« Pythagoräer frönten ethischem Vegetarismus; Diogenes fraß oder aß, was er bekommen konnte, stibitzte in Neumondnächten Opfergaben für Hekate vom Opfertisch weg, rohe Eier und Tintenfische; versuchte auch Fleisch roh zu essen, bekam's aber nicht klein. Seine Genügsamkeit trieb er unstillbar voran und hatte dann gut schimpfen auf »unmännlichen, kotbefleckten Überfluß«. Als er ein Kind aus hohler Hand trinken (bzw. einen Straßenköter schlabbern) sah, warf er seinen Becher (Kürbisschale) fort; als er einen Knaben Linsenbrei in ausgehöhltem Brot unterbringen sah, entsorgte er seinen Eßnapf. Gefragt, wo er wohne, deutete er auf Zeus' Säulenhalle und Pompeion (*Zeughaus*): »Das hat Athen zu meinen Ehren gebaut!« Seinen Mantel machte er, zweilagig übereinandergeschlagen, zum Nachtlager-Ersatz. Oft übernachtete er ohne Dach überm Kopf; später nächtigte er im Pithos, einem großen Tongefäß, im Metroon (Staatsarchiv und Tempel der Göttermutter Kybele), programmatisch als freiwilliger Slumbewohner und Stadtstreicher. Sehr lobte er Heiratswillige, die ledig, Absegelbereite, die zu Haus blieben, Dienstantretende, die davon absahen. Indem er zum Zeigen nie den Zeigefinger, immer den Mittelfinger nahm, schlug er sich selber dem Lager der Verrückten zu. Einem, der ihn zum Meister haben wollte, drückte er mit den Worten »Hör auf ihn« einen Hering in die Hand (was spätere Zen-Meister regelmäßig so handhabten) und foppte ihn später mit dem Wort: »Unsere Freundschaft hat ein Hering zerstört«, nach andern Quellen: ein lumpiger Käse. Bei Veranstaltungen und Disputationen zog er plötzlich Lupinen aus dem Mantelbausch und aß sie wortlos auf. Als mal keiner seiner Rede zuhörte, begann er zu zwitschern, sofort sammelte sich ein Haufen Zuhörer. Ins Theater begab er sich stets erst dann, wenn ihm alle draus entgegenströmten. Einem, der seine Laute stimmte, sagte er: »Wieso bringst du die Töne mit dem Holz in Einklang und läßt deine Seele mit dem Leben im Mißklang?« Einem, der seinen Vater runterputzte, sagte er: »Schäm dich, einen verächtlich zu behandeln, von dem dein Hochmut doch herstammt.« Einem stattlichen Jüngling, der unstatthaft daherredete, sagte er: »Schäm dich, aus elfenbeinerner Scheide ein bleiernes Schwert zu ziehn!« Einem schwuchtelkulturell aufgeputzten Gecken, der ihn was fragte, erwiderte er: »Heb erst dein Gewand hoch, damit ich seh, ob du Männlein oder Weibchen bist.« Einem andern überschmückten Jüngling sagte er: »Falls du dich für Männer hübsch machst, ist's ein Schlag in die Luft; falls für Weiber, machst du dich zum Schuft.« Einem Scherzkeks, der als Herakles herumlief, mit Löwenfell als Überwurf, rief er zu: »Hör auf, die Hülle des Mutes zu schänden!« Einem angebettelten, zögernden Geizhals sagte er: »Mann, bedenke, es gilt mich zu laben, nicht mich zu begraben.« Des Schulhaupts Eukleides' Halle nannte er »Galle«, Platons Belehrung »Verkehrung«, Lorbeerkränze »Ruhmgeschwüre« und »Schmuckhüllen der Verworfenheit«, dionysische Wettkämpfe »Wunderwerke für Narren«. Unter bestimmten Steuermännern, Ärzten und Philosophen kam ihm der Mensch verständig vor; unter Propheten, Traumdeutern, Nachbetern und Neureichen kam ihm der Mensch erbärmlich vor. Zwar hob er die unselige antike Zweiteilung in Griechen und Barbaren auf, teilte allesamt aber in Weise und Narren ein, trommelte Menschen zusammen, aber als sie herbeieilten, knüppelte er auf sie los: »Menschen hab ich gerufen, nicht Unflat!« Mit einer Funzel suchte er, den viele als Abschaum verachteten, im Sonnenlicht Menschen und fand nur Geldprotze, die er »Schafe in Goldwolle« nannte, Redner, die er »dreifach Elende«, und Demagogen, die er »Knechte des Abschaums« nannte. Sophistische Beweisführungen, daß es keine Bewegung gäbe, widerlegte er eifrig hin- und herspazierend und hatte durch sowas stets die Lachsalven auf seiner Seite. Als einer vom Himmel schwadronierte, fragte Diogenes, seit wann er von dort zurück sei. Als ein überlanger Gelehrtenvortrag endlich zu Ende zu gehen schien, rief Diogenes: »Mut, ihr Männer, Land in Sicht!« Als ein betfreudiges Weib sich vor ihren Göttern in den Staub warf und hierbei in a-tergo-Stellung ihr aufgewölbtes Gesäß freilegte, erinnerte Diogenes sie daran, daß die Götter überall seien und nun ihr hintenrein gucken könnten. Bekam er Kuchen, warf er seine Oliven fort, Zitate murmelnd: »Entweiche, Fremdling, mach den Tyrannen Platz!« Einen miserablen Lautenschläger (à la Troubadourix) lobte er, weil dieser, statt zu stehlen, es vorzog, sich klampfend lächerlich zu machen. Einen errötenden Jüngling tröstete er: »Mut, mein Sohn, das ist die Farbe der Tugend.« Einer, der ihm drohte, den Schädel zu spalten, drohte er zurück, er werde ihn mit einem Nieser fortpusten – Gegenaggression oder Aggressionspersiflage? Als Gefangener nach der Schlacht von Charoneia ward er Philipp vorgeführt und antwortete auf dessen Frage, wer er sei: »Ein Erforscher deiner Unersättlichkeit«, was dem Machtprotz imponierte. Als Mäuse ihn plagten, rief er: »Sieh an, auch Diogenes füttert Schmarotzer.« Ein Weib in einer Sänfte kommentierte er: »Der Käfig paßt nicht zum Tier.« Als er Weiber an einem Ölbaum erhängt sah, sagte er: »Wenn doch nur alle Bäume solche Früchte trügen!« Derart genügsam lebte er, daß er sogar ganz ohne Frau auskam. Ob Asketen und Onanisten sich hundertprozentig ausschlossen, blieb unerforscht; Diogenes hingegen spielte mit offenen Karten und erläuterte seine öffentliche Onanie auf dem Markt: »Könnte man doch den Bauch ebenso reiben, um den Hunger loszuwerden.« Dem beleibten Rhetor Anaximenes sagte er ins dicke Angesicht: »Gebt uns Bettlern von deiner Wampe was ab; das wird dich erleichtern und uns nutzen.« Dickbäuchig wie Sokrates, trotzdem muskulös, sagte er von Sokrates: »Er war nicht recht bei Trost« (und wurde später selber »Sokrates mainomenos« / »rasender Sokrates« genannt). Den Platon, der ihn gern »Hund« nannte und ihm Ruhmsucht vorwarf, nannte er »Wortverschwender«, warf ihm »anmaßliche Hohlheit« vor, mokierte sich übers abstakt hochtrabende Gefasel vom Begriff der Becherheit und der Tischheit. Barfuß, struppig, schmutzig lief er quer über Platons teure Teppiche (was später Rasputin variierte, der im Prunk des Zarenhofs betont zerlumpt um ging). Platon: »Hättest du dir den Dionysios warmgehalten, bräuchtest du jetzt keinen Kohl abzuspülen.« Diogenes: »Und hättest du dich zum Kohlwaschen herabgelassen, bräuchtest du jetzt nicht dem Dionysios den Bauch zu pinseln.« Angesichts von Spuckverbot in exklusivem Privathaus rotzte er dem Gastgeber ins Gesicht: »Ich suchte umsonst einen schlechteren Ort dafür.« Über ein verdrecktes Bad sagte er: »Die hier baden, wo können sie sich anschließend säubern?« »Wieso betrittst du schmutzige Orte?« »Auch die Sonne beleuchtet Aborte, ohne sich zu besudeln.« Seine Schlagfertigkeit sprach sich herum: »Warum sind die Athleten so stumpfsinnig?« »Weil sie aus Schweine- und Ochsenfleisch aufgebaut sind.« – »Warum ist das Gold so bleich?« »Aus Angst vor seinen vielen Nachstellern.« – »Die aus Sinope haben die Verbannung über dich verhängt.« »Und ich hab über sie verhängt, dort zu bleiben.« – »Was für Wein trinkst du am liebsten?« »Den der andern.« – »Wieso heißt du Hund?« »Die mir was geben, umwedle ich; die nichts rausrücken, bell' ich an, und Schurken beiß' ich.« – »Welcher Hunderasse gehörst du an?« »Hungrig bin ich Malteser, satt ein Molosser.« – »Wen soll man eigentlich heiraten?« »Jünglinge noch nicht, und Alte nicht mehr.« – »Wie behandelt Dionysios seine Freunde?« »Wie Beutel – volle hängt er auf, leere schmeißt er weg.« – »Was hast du vom Philosophieren?« »Eigentlich nichts, höchstens dies, daß ich gefaßt bin auf jede Schicksalswendung.« – »Dürfen weise Männer Kuchen essen?« »Just wie übrige Leut.« – »Was sieht am traurigsten aus?« »Ein hilfloser Greis.« – »Daß ich im Exil sterben muß, verkraft ich nicht.« »Quäl dich nicht, Narr! Von jedem Punkt aus ist der Weg zum Hades gleich lang!« – »Laß auch du dich in Eleusis einweihen, dann hast du im Hades besondere Vorrechte!« »Wär doch lächerlich, wenn Agesilaos und Epameinondas sich im Schlammpfuhl wälzen müßten, während irgendwelches Gesindel, nur weil es eingeweiht wurde, auf den Inseln der Seligen weilt.« – »In den Pythischen Spielen besieg ich Männer!« »Ich Männer, du nur Knechte.« – »Warum geben die Leute den Bettlern was, aber den Philosophen nichts?« »Weil sie selber mal blind oder lahm, niemals aber Philosophen werden können.« – »Jedem Bösen ist der Eintritt verwehrt«. (Hausspruch eines schuftigen Eunuchen.) »Wie soll denn dann der Hausherr selber hineingelangen?« – »Du hast doch damals Falschgeld gemacht ...« »Es war einmal eine Zeit, da war ich einer, wie du es jetzt bist; aber wie ich jetzt bin, wirst du nimmermehr.« – »Arzneihändler Lysias: »Glaubst du an Götter?« Diogenes: »Ich glaub schon deshalb an sie, weil ich hoffe, daß sie dich hassen!« – Perdikkas: »Wenn du nicht kommst, werd ich dich töten.« Diogenes: »Das wär keine

Heldentat; töten können auch Käfer und Spinnen.« Alpträumern sagte er: »Was ihr im Wachen tut, läßt euch kalt, aber was euch im Schlaf erschreckt, macht euch zu schaffen.« Als Rowdys sein Faß zertrümmerten (wegen Vandalismus außer Betrieb), verehrten ihm seine Athener Sympathisanten ein neues Faß. Als er mal Schulterschmerzen litt und ihm ein Spaßvogel nahelegte, er brauche doch, um sich vom Leiden zu befreien, bloß zu sterben, sagte er, es zieme sich, daß die, welche wüßten, wie man leben müsse, am Leben bleiben würden. Seine eigentliche Lehre, die leider viel weniger närrisch und geistvoll als seine spontanen Repliken klang, lief bloß darauf hinaus, daß es ohne Staatsverfassung keinen Nutzen städtischer Gemeinschaft gebe; daß das Gesetz ohne Staat nutzlos sei etc. Indem er Musik, Geometrie, Astronomie für nichtsnutzig hielt, und Tempelraub und Tierverzehr für legal erklärte, ja sogar Anthropophagie (Kannibalismus), zeigte er sich als Früh-Anarchist. Da er auch Inzest als nicht naturwidrig und sträflich ansah, sprach er Ödipus die Tragik ab. Indem er sich gegen Ehe und für Kindergemeinschaft aussprach, nahm er urkommunistische Ideen vorweg. Indem er sich seine innere Freiheit weder durch Krankheit, Exil und Tod, nicht einmal durch fehlende Begräbnisehre, verkleinern ließ, erwies er sich erneut als vorauseilender Zen-Meister bzw. als verspäteter Brahmane, obwohl er, anders als ein solcher, Kurzhaarfrisur und einen relativ kurzen Bart trug (nach späteren Quellen einen umso längeren Bart). Er ward auch mal verprügelt, weil er nur halb geschoren auf einem Gelage auftauchte. Indem er Standesschranken rüpelhaft – um nicht zu sagen: mit proletarischer Attitüde – übersprang, kämpfte er gegen Kastensysteme und lief schnurstracks jeder französisch-russischen Revolution entgegen. Seine Verachtung des Besitzdenkens machte ihn zu einem frühen alternativen Querdenker und Energiesparer, zudem zum Stammvater des Pleinairismus und des Rohköstlers (statt aus Gesundheitsgründen, weil er Koch-Aufwand nicht leisten wollte). Weil das Zuunterste bald nach oben gekehrt werden würde, wollte er mit dem Gesicht nach unten begraben werden. Er starb erst mit neunzig. Konträre Todesarten wurden tradiert: 1.) einen Ochsenfuß abnagend, bekam er Cholera, 2.) er stoppte nach Brahmanenart absichtlich seinen Atem, wurde reglos im Mantel eingehüllt im Kraneion gefunden, einem Gymnasium vor Korinth, 3.) an Fleischvergiftung (wie Buddha und andere hindustanische Essensrestewegesser) oder an Salmonellen, weil er Hekate mal wieder ungekochte Kraken und überfällige Eier wegaß. 4.) er verteilte einen Polypen an Hunde, wurde im Gezerre in die Fußsehne gebissen und starb dran (an

Sepsis?), sichtlich der symbolischste, unwahrscheinlichste, konstruierteste Tod (Hund beißt Hund), aber irgendwie auch der komischste, originellste, passendste, wahrheitstriefendste. Sterbend verlangte er, unbeerdigt hingeworfen zu werden als Fraß für Tiere, z.B. Hunde.

Die Echtheit seiner verlorenen Tragödien und Dialoge wurde bereits im Altertum bestritten, von Satyros und Sosikrates. Man errichtete ihm eine Säule, auf der ein Hund aus Parischem Marmor stand. Kerkidas, der Megalopolitaner, erhob Diogenes, weil er zu Zeus aufstieg, zum »Hund des Himmels«. Sein Pithos wurde später gern als Holzfaß dargestellt. Sein zugeordneter Hund stellte sein Herrchen neben andere Hunde-Yogis à la Kukkuripa und Abu Yazid. Bei al-Ghazali u.a. tauchte dann zunehmend der sehr sufiförmige Isa (Jesus) auf und warf seinen Krug fort, als er einen Sufi aus der hohlen Hand trinken sah, und entsorgte seinen Kamm, als er einen Sufi seinen Bart mit den Fingern kämmen sah. Epikurs berühmteste Sentenz, wenn der Tod da sei, seien wir nicht mehr da, stand bereits bei Diogenes. Über 2000 Jahre vor Rousseau wollte Diogenes wie Laozi die Kultur, die sie beide umgab, von sich werfen, kaum von ihr beleckt, ein frecher Neandertaler mitten in der Großstadt, die er haßte und aus der er nie auch nur 1 m herauszutreten schien. Die berühmte Alexander-Solarium-Anekdote »Geh mir aus der Sonne« gebar schönste Paraphrasen, bis hin zu Nietzsche, bei dem der Schatten den Wanderer bittet, ihm aus der Sonne zu gehn. Unzählbare Einzelpersönlichkeiten liefen in wechselnden Tonarten als frischgebackene Diogenesse durch konträrste Zeiten und Zonen. Diogenes-Syndromatik ergriff ganze Bevölkerungskreise: Sadhus und Minderbrüder, Qalandare, Vagabunden à la der Vetter von Dingsda, Wandervögel, Penner, Gammler, Rucksacktouristen, Road-Movie-Protagonisten, Obdachlose, Flüchtlinge, Punker, Stadtindianer, Träger absichtlich zerfetzter Jeans. Das 20. Jahrhundert n.Chr. nannte Diogenes mit seriöser Miene »Prototyp mit unkonventioneller Lebensführung« und Protokyniker. In DDR-Philosophenlexika, wo er zwischen Georgi Dimitroff und N.A. Dobroljubow hingehört hätte, übersprang man ihn. Diogenes wurde hyperberühmt wie Mozart, aber sein Ideenlieferant Antisthenes, der eigentliche Stammvater und Pilot-Diogenes, wurde zur zweiten Geige verdammt wie Joseph Haydn.

Worte des Diogenes: Eigentlich wird euch das Leben von den Göttern nicht schwergemacht, aber über dem Haschen nach Leckerbissen, Wohlgerüchen und derlei Klimbim habt ihr das halt vergessen. – Streck nie die Hand mit eingebogenen

Fingern nach Freunden aus. Die Habsucht ist die Mutterstadt alles Übels. – Grammatiker spüren zwar die Fehler des Odysseus auf, nicht aber ihre eigenen. – Man muß sich zum Leben entweder mit Verstand ausrüsten oder mit einer Schlinge. – Der Reiche frühstückt, wenn er Lust hat; der Arme, wenn er Brot hat. – Ihr armen Beter, ihr betet immer nur um das, was euch gut scheint, aber nie um tatsächlich Gutes! – Verrichte hemmungslos vor aller Augen, was du sonst nicht mal im Verborgnen tust!

Diogenes über sich selbst: Ich bin einer der vielgepriesenen Hunde. – Andere Hunde beißen ihre Feinde, ich aber meine Freunde – um sie zu retten. – Es gab eine Zeit, da pißte ich unbeherrscht die Leute an, jetzt aber nicht mehr. – Lieber leck ich in Athen Salz, als beim Krateros an prunkvollster Tafel zu schlemmen.

Andere über Diogenes: Ein guter Dämon kam in mein Haus. (*Xeniades, Herr des Sklaven Diogenes nach dessen Ankauf*). – Wär ich nicht Alexander, würde ich Diogenes sein wollen. (*Alexander der Große*) – Besonders stark war er darin, anderen seine Verachtung kundzugeben. (*Diogenes Laertius*) – Diogenes genoß sein Faß, so wie Xerxes Babylon genoß. Diogenes genoß seinen Gerstenfladen, so wie der Sybarit seine Blutsuppe. Er genoß die Sonne wie Sardanapal seinen Purpur. (*Maximus von Tyros, 2. Jh. n.Chr.*) – Es war seine Gewohnheit, ganz unverblümt alles herauszusagen, was er dachte, indem er die Unvernunft der Leute kritisierte und sich bemühte, ihnen ihre Dummheit und Beschränktheit auszutreiben. (*Lukianos von Samosata*) – Darum sprach der, der nackt in der Tonne saß, zum großen Alexander, der die ganze Welt unter sich hatte: »Ich bin ein viel größerer Herr, als du bist; denn ich habe mehr verschmäht, als du in Besitz genommen hast.« (*Meister Eckhart*) – Er beschränkte sich auf das engste Naturbedürfnis, wollte sich lustig machen über die anderen, die nicht so dachten als er und die sich über seine Manier lustig machten. (*G.W.F. Hegel*) – Bevor man den Menschen sucht, muß man die Laterne gefunden haben. (*Friedrich Nietzsche*) – Wenn Diogenes sich einen Kosmopoliten nannte, so lag darin auch keine Spur des idealen Gedankens einer Zusammengehörigkeit aller Menschen, sondern nur die Ablehnung seiner Zugehörigkeit zu irgendeiner Kulturgemeinschaft. (*Wilhelm Windelband, 1891*) – Ich glaube, nicht zu weit zu gehen, wenn ich sage, daß die hübschesten Anekdoten über ihn von den antiken Humoristen nicht anders erfunden und umgeformt worden sind, als Wilhelm Busch sie neu gesehen und gezeichnet hat. (*Fritz Mauthner, 1923*) – Was nun Diogenes anlangt, so hatte auch dieser einen possenhaften Zug, der sich jedoch in seinem Nachruhm über Gebühr vorgedrängt hat, denn er war daneben auch ein wirklicher Weiser. (*Egon Friedell*) – Dieser Mann war weder ein prahlerischer Spaßmacher noch ein abgeklärter Weiser, wozu ihn eine platonische Tradition einerseits und eine stoische Tradition andererseits erklären. Er war vielmehr ein Opfer und ein Kritiker seiner Zeit. (*Klaus Heinrich, 1966*) – Diogenes ist einer der großen Sufis. Er lebte nackt, gerade so wie die Tiere. Und er war außerordentlich schön in seiner Nacktheit ... denn nur das Häßliche verbergen wir, nicht das Schöne. Ale-

xander fragte ihn: »Wie kann ich so werden wie du? – so unschuldig, so schön?«
Diogenes sagte lachend: Da gibt es kein Wie!« – und legte sich in den Sand am Ufer
des Flusses. Es war Morgen und die Sonne ging eben auf. Er wollte sich nicht die
Liebkosungen entgehen lassen, die heimlichen Botschaften, die der Sand seinem
nackten Körper zuflüsterte, und die warmen Sonnenstrahlen, die auf ihn fielen. Diogenes sagte: »Du brauchst nicht nach dem Wie zu fragen. Dies Ufer ist für uns beide
groß genug. Wirf deine Kleider ab und leg dich her zu mir!« (*Bhagwan Shree Raj-*

Diogenes von Sinope: »Die einzig wahre Staatsordnung findet sich nur im Weltall.«

neesh, 1975) – Seht her, wie dieser weise Mann, vor dem Alexander der Große bewundernd stand, es sich mit seinem eigenen Glied gut gehen läßt! Und scheißen tut er vor aller Augen. Also kann das so übel nicht sein. Hier nimmt ein philosophisch wahrheitshaltiges Gelächter seinen Anfang, an das man sich schon deswegen wieder erinnern muß, weil heute alles darauf hinarbeitet, daß einem das Lachen vergeht. (*Peter Sloterdijk, 1981*) – Der kynische Philosoph Diogenes machte sich selbst zum Wachhund vor dem Eingang zum Tempel der Großen Mutter. Dort lebte er in einem »großen tönernen Gefäß«, das den Schoß der Mutter Erde darstellte. Die Kyniker waren die »Hundeähnlichen« (*kynikoi*) der Göttin. Ihre im 4. Jahrhundert v.Chr. gegründete Schule versuchte, das Ende der Welt über das zirkumpolare Sternbild Ursa Minor, welches als Hund bezeichnet wurde, vorauszusehen. (*Barbara G. Walker, 1983/93*) – Der Philosoph Diogenes von Sinope saß in seinem Faß und lauschte dem selten gewordenen Jahresregen, der seit einer knappen Stunde herniederging. Alles schön und gut, dachte der Philosoph, gibt es sanftere Klänge als die des herabstreichenden Wassers, das den Menschen die erhitzten Köpfe kühlt und Balsam ist auf den Rißwunden der Erde. (*Otto A. Böhmer, 1991*) – Mag sein, dass Menschen auch früher schon entspannt herumlagen und philosophierten. Diogenes scheint so einer gewesen zu sein, doch den lernte ich leider nicht persönlich kennen. (*Luisa Francia, 2004*)

Vielleicht ein hellerer Kopf als Simon Petrus

*Simon Magus aus Samaria –
Gnostiker, Gottmensch, Thaumaturg (1. Jh. v. und n.Chr.)*

Seine Eltern hießen Antonius und Rahel. Er stammte aus einem Dorf bei Sebaste, bei Getthon (*Gitton*) in Samaria, trat in die Schule des Dositheos ein, im Kreis aus dreißig Jüngern und einer Frau; die hieß Helena. Simon studierte in der Metropole Alexandrien und ergab sich alsbald arabisch-jüdischer Zaubermedizin. Daß er christianische und hellenistische Weisheit verbinden wollte, wurde ihm als Häresie ausgelegt, wie später im Casus Origines. Predigten des Philippus machten Simon gläubig. Er ließ sich taufen, blieb aber der Scheinheiligkeit verdächtig, galt vielen als Heuchler, obwohl seine Auffassung vom Christentum vielleicht nur geringfügig abwich von der der Apostel. Das Opus »Große Verkündigung«, das er möglicherweise verfaßte, ging verloren. Darin grassierende vorsokratische Termini wie »Wurzel des Weltalls« und Theoreme, daß die unbegrenzte Dynamis mit Feuer identisch sein solle, klang weniger nach Bibel und dem Logos des Johannes als nach Anaxagoras oder nach chinesischem Dschi oder Sturm und Drang, Wille, Élan vitale, Energie, Drive & Power. Zunächst zögerten die Christianer, Simon als Zauberer zu verunglimpfen, denn die drei beliebten Astralmagier und Propheten aus dem Morgenland sah man durchweg positiv und unverzichtbar. Auch Petrus, der selber Simon geheißen hatte, und Jesus waren Magier gewesen, ohne deshalb gleich als Jesus Magus abgetan zu werden. In Wortgefechten, heiligen Gesprächen, drei Tage lang, ca. 40 n.Chr. in Kaisareia, beschuldigte Simon den Petrus der Nachbeterei, während er, Simon, Neues künde, ein gnostisch hochdynamisches und zudem so weiblich wie weise durchflutetes Evangelium. Daß er Petrus Geld anbot, um von ihm das Geheimnis der Vermittlung des Spiritus Sanctus via Handauflegen zu erfahren, wurde ihm zum Fallstrick, bis hin zur Wortprägung Simonie für geistliches Ämterkaufen, also klerikale Mißstände, Verquickung von Religion und Mammon. Haß zog Simon nur allein deshalb auf sich, weil er seine fluchwürdige Irrlehre für den wahren Glauben hielt und sich also den Christianern, die im Einzelfall oft enttäuschten, turmhoch überlegen erzeigte, also sich wohl mangelnder Demut, bzw. eines Zuviels geistlicher Arroganz schuldig machte.

Ob die ihm zugeschriebenen Schriften Spurenelemente seiner Lehre mit sich führten, blieb nicht unwahrscheinlich und zugleich unklar. Wie vormals Empedokles u.v.a. ließ Simon sich zeitweise in Samaria als Wundertäter bestaunen, als Gott auf Erdenbesuch verehren, in Palästina als dessen Sohn, in der übrigen Welt als Heiliger Geist. Man sah ihn als große Kraft Gottes. Um seine Gestalt spann sich der Mythos der simonischen Helena, die mythische Züge der Sofia annahm, weit über Maria hinausgehend und also dem Christentum wesensfremd, ersonnen oder wohl eher aufgegriffen von Justin (der selber aus Samaria kam), laut dem die heilige Prunikos (Tempelhure) Helena, die Simon »Ennoia« (seinen ersten Gedanken) nannte, bloß eine Schlampe gewesen sei. Simon aber erhob Helena über alle Frauen in göttlichen Status, wie später Madschun seine Laila, oder Salvatore Dali seine Gala, sah in ihr die trojanische Helena, die Inanna, die Athene und behauptete, andere Göttinnen und in vorangegangener Inkarnation mit ihr zusammen die Welt geschaffen zu haben, ein für männlich fixierte Christen unerträglicher Vorgang, weil natürlich keinerlei Muttergöttin bei der Schöpfung mitgemischt hatte. Gottesdienste der Simonianer, die sich vierhundert Jahre lang hielten, bestanden aus antiken Massenorgien, die so funktioniert haben sollen wie zweitausend Jahre später die AAO-Kommunen des Otto Mühl, jeder mit jeder, ohne Ansehn der Person, ohne Brautwahl, betont überkreuz, und ganz im Sinne von »Wer zweimal mit derselben pennt ...«: anonymer Coitus als höchste Agape. Justins Bericht, Simon habe im Tiber eine selbstverherrlichende Säule von sich aufstellen lassen, »Simoni deo sancto«, wurde von Irenäus ungeprüft übernommen (und fiel 1574 in sich zusammen, als diese Säule archäologisch sichergestellt wurde; geweiht worden war sie der altsabinischen Schwurgottheit Semo Sancto). An die verbalen Rivalenkämpfe zwischen Simon und Petrus schlossen sich magisch vergröberte Zusatzstorys: Simon hetzte Riesenhunde auf Petrus, der sie mit geweihtem Brot fütterte, woraufhin sie sich in Rauch auflösten. Solch magisches Hokuspokus-Brimborium stand zeitlich auf jener Kippschwelle von Magie zu Hochreligion, auf der etliche Mystiker sich wiederfanden, Milarepa, Drugpa Künleg, Prospero. Auch die Versionen von Simons erschröcklichem Ende, das dann alle Bösewichte bis hin zu Don Juan und Doktor Faustus wacker zu variieren hatten, entstammten damaligen, durchschaubaren Pamphleten. Entweder saß Simon mit Aposteln unter einer Platane, fast ein schöner buddhistischer Zug, und ließ sich von ihnen eingraben, um angekündigterweise aus der Erde aufzuerstehen, in der er dann aber erstickte und liegenblieb. Oder Vergleichbares fand statt: Simon kündigte seine morgige Himmelfahrt an; tatsächlich gelang dem zaubernden Ikarus ein erstaunlicher Flugversuch, doch Petrus holte den frühen Flugkünstler à la Schneider von Ulm, allzu christlicher Legende zufolge, via Zauberformel vom Himmel, bzw. indem er die Dämonen, von denen Simon sich tragen ließ, per Gebet lähmte. Petrus betätigte sich also agonal als schadenszauberkundig, als Vorläufer des Flugobjektabschießens im PC oder außerhalb, im Weltkrieg, und Simon brach sich allzu tendenziös das Genick bzw. zerbrach in genau vier Stücke. Denkbar bis wünschenswert wären, zwecks Ausgleich, Legenden der Gegenpartei, vom Wasserläufer Jesus, der durch das Fingerschnicken eines am Ufer stehenden gnostischen Schamanen in den Wellen ertrinkt. Womöglich basiert Simons schlechte Fama auf seiner eventuellen geistigen Überlegenheit. Ausgerechnet das unbekannte Augurum, Arkanum, Mirakulum, Mysterium der simonianischen Gnosis wurde von den nicht grad unparteiischen Christianern nicht nur entstellt, ignoriert oder unterschlagen, sondern überhaupt nicht wahrgenommen. Wahrscheinlich hat die spätere Rätselfigur Simon Magus mit dem empirischen Ausgangsmodell noch weniger zu tun als der mittelalterliche Bahlhorn-Teufel Vitzliputzli (aus dem Volksbuch vom Doktor Faust) mit dem mexikanischen Kriegsgott Huitzilopochtli. Alle Quellen über Simon Magus stammten ausschließlich von seinen Gegnern, durch deren Zeilen kein günstigeres Simonbild schimmerte. Vierhundert Jahre nach ihm hieß es, er sei Leiter einer Gruppe essenischer Eremiten gewesen, Samaritaner, Bischof von Jerusalem, obendrein Jünger von Johannes dem Täufer. Je weiter man ihn weiterreichte, in der Linie der Clementinischen Homilien (Pseudoclementinen), ca. 470 n.Chr., über Apostelakten, Tertullian, Epiphanius, Ambrosius, desto verzerrter, noch falscher, dämonischer und unverzeihlicher schwoll Simon – genau wie Judas – auf, in stets verschlimmerten Übermalungen. Christianische Romane des 4. Jahrhunderts zeigten ihn, wie er Herzen in Verwirrung stürzte, wie er überall dort auftauchte, wo just Simon Petrus predigte (typisch Guru-Duell!), oder wie Simon einen riesigen Hund zum Sprechen brachte, einen geräucherten Thunfisch lebendig und eine blinde Witwe sehend machte. Simon wandelte nicht nur auf Wasser, sondern zudem auf Feuer, wenn schon, denn schon, durchdrang Berge und Felsen, brachte Statuen zum Reden, verwandelte Menschen in Tiere; umgekehrt allerdings ging das nicht, bei aller Legendenbildung! Simon schuf zudem einen Homunkulus, tausendsechshundert Jahre vor Paracelsus, und entsorgte ihn wieder, hatte immerhin zum Beweis ein Bild von ihm herstellen lassen. Laut Justinus lernte er Helena im Jüngerkreis um Dositheus kennen; laut Bischof Irenäus von Lyon holte er sie aus einem Bordell in Tyrus in Phönizi-

Duell der Magier Petrus und Simon Magus

en. Gotteslästerlicher Frevelmut und maßlose Verketzerung verfeinerten sich terminologisch zu blasphemischer Hybris und ethischer Diskreditierung. Eusebius übernahm des Irenäus' Ernennung des Simon zum »Vater aller Häretiker« in Eusebs Kirchengeschichte, was von dort auch wieder alle abschrieben und verschlimmbesserten. Sündenbock und Prügelknabe Simon wurde bekämpft als Pseudomessias, ja Antichrist. Kirchenvater Hippolyt rückte ihn zum dunklen Heraklit. Man schrieb ihm unchristliche Flug- und Goldmacherkunst zu, Geisterbeschwörung, Traumdeuterei, Liebestrankbrauung. Das gesamte Mittelalter bekam keine Wahl, Simon anders zu sehen. Auch Dante Alighieri zog am selben Strang (Inferno 19). Simon wurde zum sinnenfrohen Zauberer, zusammen mit kaum wiedererkennbaren Zauberern wie Virgilius – alias Vergil – oder auch Platon. Die alten Iren verehrten Simon als Druiden. Als das Christentum nach tausendjähriger Laufzeit – kaum wiedererkennbar mutiert – hier und da fadenscheinig bröckelte, mäßigte sich das kalte Grausen, das frühe Christen beim Namen Simon Magus spürten, zu Faszination und Interesse. Eine Rehabilitierung, anders als bei Judas, kam nie so recht in Gang, mangels unverfälschten Quellenmaterials. Erwogen wurde, ob der Simon der Apostelgeschichte ein anderer sei als der Häretiker, voneinander separiert durch mehrere Generationen. Naturtypischerweise geschah Kontraselektion, Auslese des geringer Organisierten zugunsten des differenzierter Organisierten, gleichwie Paulus den Marcion (und Microsoft-Gigant Bill Gates den Apple-Riesen Steve Jobs) in den Schatten stellte, es sei denn, Simon wäre vor Ort auch bloß ein magischer Windbeutel gewesen, oder einer der x religiösen Spinner, dem nur seine schwarze Passagierschaft in der Bibel und seine lückenhafte Rätselhaftigkeit im Gedächtnis der Menschheit formal zu überleben half. Trotz aller extremen Unsicherheiten könnte er eine historischere Gestalt als Petrus sein, den Kaiser Nero hinrichtete, weil er Simon abstürzen ließ. Simons Schüler Menandros (Menander = Mondmann) stieg apokryph zu seiner Inkarnation auf.

Worte von Simon Magus: Bittet ihr den Herrn für mich, daß deren keines über mich komme, davon ihr gesagt habt. (*Mündlich zu Petrus, Apostelgeschichte 8, 24*)

Simon Magus über sich selbst: Ich nahm in jedem Himmel eine andere Gestalt an, je nach der Gestalt der Wesen in jedem Himmel, damit ich verborgen bliebe den Engelmächten und herabkäme zur Ennoia, die auch Prunikos und Heiliger Geist genannt wird, durch die ich die Engel geschaffen habe, die dann den Kosmos und den Menschen schufen. (*Panarion haeresium XX. 2,4*) – Morgen werd ich euch Gottlose und Sündhafte verlassen und mich zu Gott begeben, dessen Kraft ich selbst in abgeschwächter Gestalt noch bin. Ihr seid gefallen, ich aber, seht, bin »Er, der steht«. Und ich steige hinauf zum Vater und werde ihm erzählen: »Auch mich, deinen Sohn, wollten sie zu Fall bringen, sie, mit denen ich nichts zu schaffen habe, mich, der ich zu mir selbst zurückkehre.« (*Actus Vercellensis, 31*)

Andere über Simon: Es war aber ein Mann mit Namen Simon, der zuvor in derselbigen Stadt Zeuberey trieb und bezauberte das Samarische Volck und gab vor, er wäre etwas Großes, und sie sahen alle auf ihn, beide klein und groß. (*Apostelgeschichte 8,9–11*) – Verfluchte und verwirrte Hirngespinste, Eingebungen des Satans! (*Eirenaios, 180 n.Chr. über die Lehre der Simoniten*) – Hei Simon Magus! hei nach ihm euch heissende! so Gottes ding, die ihm da mitbestuhlet, fromm anverlobet sind – und ihr sie reissende / um gülden und um silberling verbuhlet (*Dantes Comedia*) – Die Verleumdungen, die so eifrig gegen ihn durch die unbekannten Autoren und Verfälscher der »Akten« und anderer Schriften ausgestreut wurden, konnten die Wahrheit nicht in solchem Maße entstellen, daß sie die Tatsachen zu verbergen imstande gewesen wären, daß kein Christ mit ihm in thaumaturgischen Taten rivalisieren konnte. Die Geschichte, die über seinen Fall während eines Fluges erzählt wird, wobei er sich beide Beine gebrochen und dann sich selbst entleibt haben soll, ist lächerlich. Warum erbitten sich die Apostel, anstatt mental zu beten, daß ihm so geschehe, nicht lieber, daß es ihnen erlaubt sein möge, Simon in Wundern und Taten zu überbieten? (*Helena Blavatsky, 1877*) – Mit all diesen kühnen Bestrebungen gibt sich Simon als eine echte faustische Natur zu erkennen. (*Walter Nigg, 1962*)

Was tut ihr in meiner Hose?

Liu Ling – Daoist, Reisweintrinker, Weisheitsschlürfer
(um 220 – ca. 280 n.Chr.)

Er stammte aus Pei Kuo in An Wei. Tingiert von philosophischem Daoismus, gehörte er, legendenumspült, zu den Sieben Weisen im Bambuswald. Auf einem Gelage stellte er den Rekord auf, 27 Liter Reiswein trinken zu können. Auf Reisen führte er stets ein Weinfaß mit sich. Hinter seinem Troß schritt ein Diener mit Spaten, beauftragt, ihn, wenn er tot umfalle, auf der Stelle zu verscharren. Seinen Dusel und Kater pflegte er mit neuer Weinzufuhr zu vertreiben. Sein verzweifeltes Weib schüttete seine Vorräte aus und zerschlug seine Krüge – Liu Ling trank ohne Krüge weiter. Sie flehte ihn an aufzuhören; er rief: »Eine hervorragende Idee! Aber es wird mir nur gelingen, wenn ich den Göttern einen heiligen Eid leiste. Hol also Opferfleisch und Opferwein herbei!« Doch dann bat er die Götter etwas ganz anderes, nämlich die Klagen und Gebete seiner Gattin nicht zu beachten, und leerte den Opferwein mit einem Zug. Gern warf er in beschwipstem Zustand unnötige Beengung ab, also auch damalige Kleidersitten (wie später dann Tarzan, der als notorischer Nudist alle englischen Beinkleider, die man ihm anzulegen versuchte, angewidert abpellte und zerfetzte). Und zog sich auch nicht an, wenn unangemeldete Freunde und Tugendwächter auftauchten, komisch guckten und ihm behutsam andeuteten, ob er nicht friere. Liu Ling aber prostete allen allzu nüchternen Zaungästen überfreundlich zu und gab mit großer Gebärde eine wundersame Erklärung ab: »Himmel und Erde sind mir Dach und Fußboden. Meine Zimmer sind für mich Hose und Mantel ... darf ich fragen, werte Herren: Was tut ihr in meiner Hose!?«

Nur ein einziges Gedicht von ihm erhielt sich, worin ein großer Mann von allen Neunmalklugen umsonst gewarnt wird und der stets nur sorglos den Becher kreisen läßt, und den Bodensatz mittrinkt, und sich den Bart sauber schüttelt, und liederlich die Beine spreizt. Zhuangzi hatte von Geistern und geistergleichen Meistern gesprochen, die Kälte und Glut nicht anficht; Liu Ling spürte im Rausch weder Hitze noch Frösteln und glaubte damit dem Dao besonders nah zu sein. Liu Ling stand in ehrwürdigsten Traditionen: Bereits Xi und Ho, Hofastrologen um 2150 v.Chr., frönten nächtlichen Trinkgelagen. Zeitgenosse von kühlen oder asketischen Köpfen (à la Origines oder Antonius von Ägypten), erzeigte sich Liu Ling, quer durch Raum und Zeit, eher wahlverwandt mit Hafiz, Li Dai Bo, Peter Altenberg, Paul Scheerbart. Liu Lings Nudismus changierte zwischen luftkleidumflossenen Dschaina-Mönchen und Lichtgrußgebärden von Monteveritanern, oder auch ganz einfach nur FKK aus Lust und Laune.

Worte von Liu Ling: Gallonen leer ich auf einen Zug; 5 Kellen bräucht ich nur, um meinen Brand zu löschen. – Durch die Welt zog er und hinterließ keine Spur; residierte ohne Zimmer und Haus, den Himmel als Vorhang, als Matte die Erde.

Liu Ling (zusammen mit den anderen 6 Weisen im Bambushain):
»Der Himmel brachte mich hervor und machte mir den Wein zum Schicksal.«

Seine Dämonen machten ihn berühmt

Antonius von Ägypten – Eremit, Asket, Pilotmönch (251–356 n.Chr.)

Bereits als Knabe, geboren in Koma im Ägypterland, lernte er im zerklüfteten Wüstenhochland über der Nilebene, in der Provinz Fayum, enthaltsame Einsiedler kennen, die ihm reizvolle Wahrheiten raunten. Nach dem verfrühten Tod seiner Eltern, unkundig in Güterverwaltung, nahm der Christianer das Matthäuswort, man solle seinen Besitz verkaufen, plötzlich unverhofft wörtlich, gab seine kleine Schwester als geweihte Jungfrau in ein Waisenhaus und den Rest seines ansehnlichen Erbteils an Notleidende seiner Umgebung. Gefangenen der diokletianischen Christianerverfolgung unter Kaiser Maximinus Daza half er unter Lebensgefahr. Weniger aus Menschenfurcht als aus Überdruß an intriganter schnöder Welt wurde er um 271 n.Chr. Einsiedler am Rand seines Heimatdorfs, dann weiter weg, in einer Felsengrabkammer am Wüstensaum, ab 285 noch abgelegener, in einer Festungsruine. Sich örtlich abzunabeln, fiel ihm schwerer, als seinen jugendlichen Fleischeskitzels zu bändigen. Psalmengebet half oft. Einen Goldklumpen, den er in der Wüste fand, floh er wie den altbösen Feind. Immer zahlreicher suchten ihn Heilsbegierige, Ratbedürftige und Schaulustige auf, so daß sich der überlastete Ratgeber und Lehrer ab 311 auf Nomadenpfaden, in stetiger Anachorese (Hinaufgehn), von Koma noch weiter zurückzog, in immer höhergelegene östliche Wüste, nach Kolzim, bzw. in Trockenwüste, den Paneremos, nahe am Roten Meer, wodurch er aber seinen Ruf nochmal vergrößerte und also den Zulauf seiner Bewunderer und Nachahmer weiter anheizte. Um keiner Ruhmsucht zu unterliegen, verzichtete er auf weltlichen Ruhm und wurde für seinen Ruhmverzicht berühmt. Wer nicht Koptisch verstand, brachte einen Dolmetscher mit oder verstand nichts. Lernwillige Gottsucher sammelte und rekrutierte er in Eremitenkolonien, Vorformen späterer Mönchsorden. Im betont unbewohnten Berg ließ er x Höhlen ausheben. Genugsam Einsamkeit blieb übrig, um in stillen Zeiten eine andere Art Andrang zuzulassen: Lokale Wüstendämonen, in deren Territorium er eindrang, ließen ihn in Ruhe, aber speziell auf sein körperliches Triebleben zugeschnittene, aus abgeschnürten Sinnesreizen barock auspinselbar hervorquellende Dämonen wurden in seiner tiefen Einsamkeit sehr spürbar und bedrängten den standhaften Einsiedel. Da sie keine Leiber hatten, konnten sie durch Ritzen und Mauern dringen. Die Welt, erfolgreich abgestoßen, holte ihn ein. Alle Laster, zurückgelassen im Gewimmel, fanden ihn in der Öde verläßlich wieder, als greifbarer Nachhall, als Geisterbild, und gebärdeten sich immer penetranter und potenter. Längst besiegte Triebe (à la Geldgier, Gaumenlust, Völlerei) versuchten die Dämonen in ihm zu reanimieren – er aber ließ das nicht mit sich machen! Nachts boten sich Geister an, ihm zu leuchten. Sobald er betete, ließ das Licht der Gottlosen nach. Sobald er das Gebet steigerte, erlosch ihr Licht, und die Gottlosen erschlafften, weinten gar jämmerlich und äfften von ihm gesungene Psalmen und Bibelworte echoartig nach, ließen Lachsalven los oder pfiffen. Da sie das Gute nicht liebten, besserten sie sich nicht. Manchmal verwandelten sich die Dämonen, die ihn zu ihrer Anlauf- und Sammelstelle machten, zum Nervenpunkt, zum Locus classicus, »in fast alle Hyänen jenes Wüstenstrichs« und öffneten ihre Mäuler wider ihn. Jesus wandelte auf Wasser; Antonius konnte kein Wasser überqueren, ohne daß darin nicht Krokodile dräuten. Teils unkeusche, teils zu Unzucht anstachelnde Dämonen der Geilheit verwandelten sich nachts tückisch in ein Weib und suchten ihn, statt ihm in die Binse zu diktieren, zu irgendwas zu verführen; Antonios aber versteifte sich ganz auf christusbezogene Gedankentorpedos. Auf einen Dämon, der sich als Gott ausgab, hieb er ein, bis er als Rauch abzog. Anderen Dämonen, die wiederum ihn schlugen (wer fing damit an?), schleuderte er das Wort »Christus« entgegen (wie andrängenden Vampiren Kruzifix und Knoblauch), und schon trimmten sie, statt ihn, sich gegenseitig. Martinianus, ein besorgter Offizier und Vater, brachte seine dämonenversuchte Tochter zum Heiligen; Antonius wurde erfolgreich als Exorzist. Entweder trieben sie's in seinem Casus ganz besonders toll, oder der Mann war so empfindlich, daß er bereits normalen Geisterverkehr als besonders unaushaltbar empfand, oder seine Geister wurden erst postum nachgeliefert und vordatiert. Nie brüstete er sich seiner von Christus verliehenen Gabe – genau wie Hiob –, Dämonen austreiben zu können, und verlangte, daß man solche, die – genau wie Judas – Dämonen nicht verscheuchen könnten, keinesfalls verachte. Die große Kopfzahl der Einbildungen erklärte er sich so, daß jeder einzelne ein Schwächling sei. Da Gott nichts Schlechtes erschaffen konnte, also eigentlich auch keine Dämonen, erklärte sich Antonius deren Herkunft so, sie seien einst gut gewesen, dann aber herausgestürzt aus dem Reich himmlischer Weisheit. Erhöhtem Trugbildaufkommen setzte Antonius noch härtere Askese entgegen. Kausalität zwischen

Askese und Visionen durchschaute er nicht. Neben der elegant hochdifferenziert augenzwinkernden Schein- und Sein- bzw. Realitätsabstufungsbehandlung seines Fast-Zeitgenossen Apuleius von Madaura, dem gleichfalls Termini wie »subjektiv« und »objektiv« noch lang nicht vorlagen, schauten die Dämonenberichte des Antonius und seiner ähnlich geplagten Thebaisbewohner arg unsouverän, holzschnitthaft, vorsintflutlich aus. Seinen Fuß setzte er auf den züngelnden Schlangenkopf, Inbild später sogenannter Naturbeherrschung und Selbstregulierung. Falls all diese Anfechtungen bloß als Hirngespinste sich austobten, blieb unerklärlich, wie nach solchen Kämpfen und Zerzerrungen sein Diener ihn in lädiertem Zustand, d.h. mit objektiven Biß- und Kratzwunden und scheintot auffinden konnte. Sein Name ›ana‹ (oben) und ›tenens‹ (haltend), d.h. das Oben haltend, beeinflußte die Struktur seiner Zwiste: Der das Höchste Haltende hatte mit bevorzugt animalisch geformten Dämonen sich zu zausen. Als Jesus ihm einmal – nach langer dämonischer Zerzerrung – Befreiung und Waffenstillstand sandte und ein Licht, fragte der schwer Geprüfte und Zerfledderte seinen Herrn anschließend, wenn er die ganze Zeit beim Kampf zugegen gewesen sei, wieso er nicht eher eingegriffen habe, die ewige berechtigte Frage aller Gläubigen, woraufhin Jesus ausweichend antwortete und sprach: »Darum, daß du so männlich gestritten hast, will ich, daß dein Name geehrt werde in der ganzen Welt.« Aber Ruhmsucht hatte Antonius doch längst abgelegt!?! Folglich legte Jesus dieselben uneffektiven Köder aus wie die Dämonen. Engel gewährten ihm eine Auffahrt nach sehr weit oben; doch von unten hängten sich bündelweise Teufel an ihn, bremsten, zerrten, spielten Sandsack, ein spontaner, offenbar einmaliger schamanistischer Seelenflug mit erheblichen Hindernissen, elendes Gezerre, in jedem anschießenden frommen Legendenwerk veredelt zu gnostisch-manichäisch-altiranischen Weltmächten, die um die göttliche Seele ein Tauziehen austrugen. In geistlicher Entrückung sah Antonius die ganze Welt mit Schlingen überspannt, was drüben in Hindustan »Schleier der Maja« hieß. Eine seiner fiesesten Visionen: Seelen stiegen massenhaft zum Himmel auf und wurden von einem greulichen Riesen, dessen Haupt an die Wolken rührte, als lästige Insekten behandelt, alle Seelen wieder zurückgepatscht und fortgewedelt; nur einige wenige, besonders leuchtende mußte er durchlassen. Eine seiner noch schwärzeren Visionen, die vorbotenreich und dumpf dräuend heranrollte und die er weinend und seufzend empfing, zeigte bereits finsterstes, kaum blitzdurchzucktes Nostradamus-Format: Antonius sah eine wild schnaubende Tierherde (laut Athanasius Maulesel, die die Legenda Aurea zu Rossen verbesserte) den Altar Gottes mit ihren Hufen entehren und zerstampfen, so als sähe er bereits Atheismusstreits und Gottesnekrologe des 18. Jahrhunderts und folgender Zeiten voraus, aber seine Prophetie griff so weit nun doch nicht voraus und meinte bloß die zwei Jahre später erfolgenden Gewalttätigkeiten und Übergriffe des arianischen Herzogs Ballachius, dem der glühende Anti-Arianismus-Prediger Antonius im Brief arg alttestamentarisch mitteilte: »Ich sehe den Zorn Gottes über dich kommen!« Woraufhin Ballachius den Brief des Christianers vollrotzte und in den Staub warf; gleichwie auch Antonius bisweilen jedem Teufel, der ihm Wunscherfüllung anbot, Speichel ins Antlitz spie. Gern zitierte er Johannes 8,44, daß der Vater des Teufels ein Mörder sei von Anbeginn, oder auch Habakuk 2,15: »Weh über den, der seinen Nächsten tränkt mit schmutziger Vernichtung!« Insgesamt aber funktionierte Antonius durchaus gut christlich und neutestamentlich, ermahnte auch stets seine Brüder und Jünger, die andere Wange hinzuhalten, und wenn diese sich hierzu außerstande erklärten, ermahnte er sie, wenn schon nicht beide Wangen hinzuhalten, so doch wenigstens eine. Doch auch dies wollten die Brüder nicht mit sich machen lassen, sondern naturgemäß zurückschlagen, Auge um Auge und Zahn um Zahn, und mit Kanonen auf Spatzen schießen, wie das absolut überall jederzeit gewaltig geschah, außer ganz punktuell in übertrieben jesuanischen Märtyrerkreisen. Gegen den Aberglauben der Orakel, ägyptischer Zaubergesänge und Trugbildprodukte wandernder Magier setzte Antonius christianische Todesverachtung und Unbefleckbarkeit. Nie verlor der Hochbetagte seine Seelenruhe, außer wenn Abgesandte des alexandrinischen Priesters Arius aus Baukalis nahten. Abtrünnige, schismatische Meletianer, Manichäer u.v.a. Härctiker haßte er glutvoll, nannte sie »schlecht«; ermahnte sie, zur Wahrheit zurückzukehren; warnte alle davor, mit ihnen zu reden; streute aus, der Umgang mit ihnen sei der Seele schädlich. Andere Gottessucher und Wahrheitspächter, später sogenannte Andersdenkende, schalt er »gottlos«, funktionierte also dreihundert Jahre, bevor der Islam halb Asien eroberte, wie jene Musulmanen, die tiefgläubige Juden und Christen als »ungläubig« verketzerten. Der mißbrauchbare Dschihad-Begriff fußte genetisch auf Antonius' Formulierung »Krieg wider das eigene Herz«. Namentlich die arianische Irrlehre, so minimal sie abwich vom christianischen Mainstream, mutierte ihm zum Balken im Auge und zum Dorn im Fleische;

er nannte ihre Reden »schlimmer als Schlangengift«, verjagte sie, sobald sie friedlich und diskussionsbereit nahten, aus seinem Revier – seine letzte Versuchung. Als die Arianer mal in aller Unschuld darauf hinwiesen, er denke ebenso wie sie, schäumte er erst recht auf, schalt sie Vorboten des Antichrist und »die Allergottlosesten von allen«, fast schlimmer als Heiden, und das nur, weil sie behaupteten, Jesus sei ein Geschöpf und nicht von Anbeginn der Welt dagewesen. Achthundert Jahre vor Antonius haßte Buddha keinen, außer – den sympathischen Mankhaliputta Goschala; achthundertfünfzig Jahre nach Antonius umarmte Franziskus die ganze Schöpfung, außer – Bruder Schwein. Die vernunftbestimmten Schriften antiker Philosophen tat er ab als »heidnische Vernünfteleien« und »sophistische Wortklauberei«, stolz auf seine Ungebildetheit. Zwei überlegene Denker, rhetorisch geschult, glaubten leichtes Spiel mit ihm zu haben, wurden von ihm empfangen mit den Worten »Was sucht ihr einen so dummen Mann wie mich auf?« Sie beteuerten, nein, er sei klug. Er konterte: »Wenn ihr zu einem Dummen kamt, kamt ihr vergeblich; wenn ihr aber glaubt, ich sei klug, nun, so werdet so klug wie ich, nämlich ein Christianer!« Ausgehebelt zogen sie sich zurück. Neuplatoniker, die unter den Heiden als Weise galten, mokierten sich über die christliche Kreuzesverehrung; Antonius aber wußte den Spieß umzudrehn und über den hinkenden Hephaistos zu spotten, und hatte sogar Artemis, Apollo und Poseidon am Schnürchen, und warf den Griechen vor, sie dichteten ihren sogenannten Göttern Ehebruch und Knabenschändung an. Und dem christuskritischen Vorwurf der Blutmystik, des Kannibalismus bzw. des Gottesverzehrs im Abendmahl samt Opferlammkult begegnete er argumentativ mit dem Hinweis auf die abscheulichen Fabeln des zerstückelten Osiris und Kronos, der seine Kinder fraß. Er rühmte, das Kreuz beende alle Magie, so als sei das Kreuz kein Gegenzauber, sondern was ganz anderes. Dem Wortbeweis, Wortkunst und Wortkram neunmalkluger Philosophen setzte er Glauben entgegen und die Fähigkeit, Dämonen zu exorzieren. Das beeindruckte die Philosophen ungeheuer (*laut Athanasius*).

Händlern, Kriegern, Verwaltern, Verehrern, die den »Mann Gottes« um Rat angingen, auch berühren wollten und sich für ihre allzu unzumutbare Kopfzahl entschuldigten, sagte er: »Ihr seid auch nicht zahlreicher als die Dämonen, gegen die wir hier auf dem Berg kämpfen.« Der ehrwürdige Greis stand in regem Briefwechsel mit Kaiser Konstantin und dessen Sohn. Er entwarf auch Reformkleidung, als Vater der Angelica, die nachmals überall obligatorische Mönchskutte, und entwarf erfahrungsgesättigte Methoden, um Dämonen zu knebeln. Sein Allheilmittel: Demut. Lobsüchtige Mönche prüfte er, indem er sie demütigte; hielten sie die Kränkung nicht gleichgültig durch, verglich er sie Dörfern mit geschmückter Vorderfront und zerplünderter Hinterseite. Einem Weltflüchter, der noch ein wenig Besitz in Reserve behielt, trug er auf, Fleisch zu kaufen, und schon wurde dieser deswegen von streunenden Hunden gebissen. Moral von der Geschicht': Wer der Welt absagt und trotzdem was von ihr behalten will, den beißen die Teufel. Falls sein grunzendes Begleittier, sein Schwein, nicht als legendäre Zutat grunzte, hätte die Frage lautwerden können, wieso er lieber mit einer Sau zusammenlebte als mit seiner abgeschobenen Schwester (Name nicht überliefert). Die Erinnerung an sie plagte ihn sogar tatsächlich, und zwar weil Dämonen ihn ständig wieder drauf stießen und damit piesackten. Einmal beklagte sich der Teufel – schier rührenderweise – bei ihm, daß die Mönche etwas gegen ihn hätten und die Christianer ihn ständig verfluchen würden, obwohl er ihnen gar nichts tue und dies auch gar nicht könne, da sowieso Christus überall im Land regiere. Gleichwie viele rationale Mystiker neigte Antonius dazu, durchzählbare Kategorien aufzustellen; drei Sorten leiblicher Wollust unterschied er: 1.) eine von Natur, 2.) eine von üppiger Speise und 3.) eine vom Teufel. Logische Brüche im Ordnungssystem: Kam Natur- und Eßlust nicht vom Teufel? Selbst Wunderheiler müßten um ihr Heil zittern, verkündete er, und selbst besonders hart sich kasteiende Brüder könnten nicht sicher sein, wirklich in Gottes Nähe zu gelangen. Sobald ihn sowohl seine folternden Dämonen wie seine menschlichen Bewunderer in Ruhe ließen oder vergaßen, verspürte er Langeweile. Seine Klausur verließ er nur, um andere Eremiten zu besuchen oder dem Märtyrertod des Bischofs Peter in Alexandria beizuwohnen. Keiner sah ihn je nackt. Er starb mit 106 in Tabenisi. Noch auf dem Sterbebett spulte er Haß auf seine arianischen Busenfeinde ab. Seine letzten Worte: »Und nun lebt wohl, Kinder; denn Antonius geht hinüber und ist nicht mehr mit euch.«

Im damaligen Multikulti und melting pot, worin Antonius auch mit Sarazenen in Berührung kam, erzeugte des Antonius' Beispiel nicht nur die erste Eremitenschwemme des christlichen Expansionsterritoriums, sondern seine Klostergründung zog sogar eine Explosion weiterer Gründungen nach sich, vor allem sobald das Organisationstalent Pachomius hinzukam, quasi der Paulus des Antonius. Bald bildete das ganze thebanische

Terrain einen kahlen kollektiv vernetzten Termitenstock oder Mietsblock isolierter troglodytischer Gottesfinder. Einerseits stand Antonius, bald »der Große« genannt, als Pionier des Einsiedelns und Pachomius (Mönchsvater), immer sichtbarer als Auslöser, Vorkämpfer und Vordenker eremitischer monastischer Bewegung am Keim- und Quellpunkt morgenländischer Frühkirche und gesamteuropäischen Mönchtums; andererseits hatte es auch vor ihm massenweise Eremiten gegeben. Der alexandrinische Erzbischof Athanasios aus Alexandreia verfaßte 365 des Antonius' tendenziös heldenhafte Vita, angelehnt an antike, panegyrische Romanform und schuf damit das neue Genre der Hagiographie. Pachomianisches Schrifttum und die »Apophthegmata Patrum« (Vätersprüche) tradierten einige seiner Verlautbarungen. 1095 gründete ein adliger Franzose den Antoniterorden, dessen Schweine frei in Eichenauen weiden durften, mit Glöckchen. Schweinepest nannte sich Antonius-Seuche. 1382 gründete Albert von Bayern den Antonius-Ritter-Orden – der Heilige avancierte zum Patron der Ritter. Neu verankert in der Legenda aurea, entzog er sich von Stund an keiner späteren Legendensammlung. »Die Versuchungen des Heiligen Antonius« wurden sprichwörtlich. Seit 1491 schlummerten seine Reliquien in der Pfarrkirche Saint-Didier-de-la-Mothe in Arras, was die Antoniusverehrung bis ins 18. Jahrhundert stark ankurbelte. 1707 erschien in Köln die Athanasios-Übersetzung: »Kurtz-verfaster wunderbarlicher Lebens-Lauff dess großen Alt-Vatters und weltberühmbten Einsiedlers Antonii Abbatis«. Zeitweise brachte es Antonius bis zu einem der vierzehn Nothelfer. Tausendzweihundert Jahre nach seinem Tod wurde er von malenden Dämonologen (*à la Hieronymus Bosch, Jacques Callot, Martin Schongauer, Breughel, Grünewald*) nochmal neu durchformatiert und aufgestylt, seine Leiden zeitgemäß ausformuliert und zugespitzt, seine Abgabedaten verlängert. In säkularisierten Zeiten kamen die Dämonen des Antonius verkleidet wieder und plagten einen, der auszog, das Fürchten zu lernen, als profane Poltergeister, fern aller durchdämonisierten Primärtriebe. Gottesliebe, gut und schön, aber im Gedächtnis der Christenheit und dann Menschheit verankerte sich Antonius eher durch seine Dämonen, seine Verdienste als deren Bezwinger, sprich: als Schamane mitten im angeblichen Christentum, ganz im Sinne des Schamanen Jesus, der Schweine in den Abgrund jagte.

Das 19. Jahrhundert verkleinerte Antonius den Großen zur Posse und Lachnummer: Der volkstümliche Schutzpatron des Hausviehs, der Metzger, Sauhirten, Schweinehändler, Fleischselcher, Wurstmacher, Totengräber, Korbmacher, der Kämpfer wider Viehseuchen, Furunkel, Skorbut, Ergotismus (Antoniusfeuer), Fegefeuerqualen, inklusive Normalfeuer, figurierte nun im Rheinland als Schwinnetünnes, als Fackentoni in Tirol, als Antonio del porco in Italien; in Estland gar als Schweinegott; auf höchstem Bildungsniveau in Gustave Flauberts »La Tentation de Saint-Antoine«, 1849/74, allwo der Heilige zwischen Basiliken, Äskulap- und Serapis-Tempeln teils kaum anachronistisch mit Archontikern, Helvidianern, Messalianern konferierte, und mit Mani (*Manes*) persönlich, mit Tertullian, Bardesanes, Montanus, Simon Magus, der Königin von Saba und Buddha, also das dämonische Figurengetümmel potenziert wurde durch die polyglotte Suada damalig gnostischen Pluralismus', den Antonius vor Ort nur sehr partiell mitbekam und von dem er nun kritisch-historisch gebildet derart vollgequasselt und zugeschüttet wurde, bis seine eigenen Lehren apokryph in pantheistischen Jubel à la Merlin oder Taliesin übergingen und er naturmystisch und üppig unasketisch Rinde, Flügel und Rüssel zu haben begehrte, als Wasser dahinrinnen, als Duft zerstäuben wollte, als Ton tönen und als Licht leuchten, derweil er sich weiterhin bekreuzigte und irreal inkompatibel seine Christusvision hochhielt, gehüllt in operettenhaft goldene Wolken. Wilhelm Busch, indem er in seinem Comic den Wüstenvater mit dem tausend Jahre späteren Namensvetter Antonius von Padua problemlos verschmolz, hielt sich immerhin treulich an ikonographische Vorgaben wie Schwein und vollbusig wohlgerundete Versuchung in Gestalt einer poussierenden Ballerina und Balletteuse, aus der plötzlich der Leibhaftige schwefelqualmend ausfuhr.

Dem 20. Jahrhundert erschien Antonius alsbald, kraft wissenschaftlicher Sicht, als schwer schizophren; seine Dämonen hielten terminlich exakt sich an natürliche Intervalle zwischen psychotischen Schüben. Die charakteristisch horizontfüllende Überdehnung seiner imaginierten Teufel glich frappant den Charakteristika drogeninduzierter Horrortrips. Verdrängte Primärtriebe manifestierten sich als imaginierte Phänomena. Was jahrtausendelang »Ödnis« und »Schaugeschehnis« (Vision) genannt wurde, hieß jetzt »Reizarmut«, »Projektionsfläche« und »Wahnarbeit«. Psychoanalytisch inspirierte Theologie erkannte das Schwein des Antonius als Symbol, als vierbeinige Untugend, als personifizierten Satan. Aber holistische Esoterik deutete Antonius' Wohngemeinschaft mit einem Schwein als Huldigung an die göttliche Schöpfung. Zoologisch und buddhistisch inspirierte Hagiologie sah in

Antonius' Tendenz zum Schwein die karmische Wiedergutmachung der Schuld des Schweinehassers Franz von Assisi, um tausend Jahre vorauseilt. Mit dem Lebensalter dieses ägyptischen Methusalem konnten später nur noch Fariduddin 'Attar, Ernst Jünger, Georg Gadamer, Albert Hofmann, Jopi Heesters und die flächendeckende Methusalemschwemme des 21. Jahrhunderts rivalisieren. Sein Geburtsort Kome (Koma) hieß mittlerweile Keman, bei Heraclea.

Worte des Antonius: Gehorsam und Enthaltsamkeit unterwerfen die wilden Tiere. – Lebt, als wenn ihr jeden Tag sterben könntet. – Vertrau nicht deiner Gerechtigkeit, sorge dich nicht um Vergangenes, streng dich an, Zunge und Bauch in Zaum zu halten. – Wie die Fische sterben, wenn sie aufs trockne Land kommen, also verlieren die Mönche ihre Ruhe, wenn sie aus ihrer Zelle kommen und mit den Weltmenschen leben. – Denn das ganze menschliche Leben ist überaus kurz, wenn man es an den künftigen Ewigkeiten mißt. – Wann wurde jemals der Tod so verachtet als seit der Zeit, wo das Kreuz Christi erschien? – Also ist es auch mit dem Dienst an Gott. Wollten wir uns anspannen über unser Maß, so wären wir bald zerbrochen. Darum geziemt es sich, daß wir zwischendurch von unserer Sittenstrenge ablassen. – So frohlockte Abraham, als er den Herrn sah, und Johannes hüpfte vor Freude, als die Stimme der Gottesgebärerin Maria ertönte. – Aber die Dämonen scherzen in ihrer Ohnmacht wie auf der Bühne, sie wechseln ihre Gestalten und machen die Kinder fürchten durch ihre massenhafte Erscheinung und ihre Verwandlungen. – Fürchtet euch einzig vor Gott, aber ängstigt euch nicht vor Dämonen! – Freuet euch nicht, weil euch Dämonen untertan sind, sondern weil eure Namen aufgezeichnet sind im Himmel! – Naht ja nicht den schismatischen Meletianern; denn ihr kennt ihre schlechte und unheilige Sekte! – Und endlich, wenn wir unseren vergänglichen Leib ablegen, werden wir ihn unsterblich zurückerhalten.

Antonius über sich selbst: Ich möchte gern selig werden, aber meine Gedanken lassen mich nicht. – Ich sah einst den Teufel in Riesengestalt, der vermaß sich und sprach: »Antoni, sieh, ich bin die Kraft und Weisheit Gottes, was willst du, das ich dir gebe?« Da spie ich ihm ins Angesicht und setzte mich kräftig wider ihn, und wappnete mich mit dem Namen Christi: Alsbald war er verschwunden. – Es wird Zeit, daß ich aus dem Leben scheide, ich bin schon fast 105 Jahre alt.

Andere über Antonius: Antonius war auch sehr klug; und das Wunderbare dabei war, obwohl er keine Bildung genossen hatte, doch genug Scharfsinn besaß und ein verständiger Mensch war. (*Athanasius, um 365 n.Chr.*) – Und ging allen Einsiedeln voran in Ehre/Würdigkeit und Heiligkeit/ und sie hatten ihn alle lieb. (*Lübecker niederdeutsches Passional, 1492*) – Namentlich nützt er seinen Hang zur Eitelkeit, Ehr- und Herrschsucht, um sein Leben wie eine fortgesetzte Schlacht und sich wie ein Schlachtfeld ansehen zu dürfen, auf dem gute und böse Geister mit wechseln-

»Fürchtet euch einzig vor Gott, aber ängstigt euch nicht vor Dämonen!«

dem Erfolge ringen. Bekanntlich wird die sinnliche Phantasie durch die Regelmäßigkeit des geschlechtlichen Verkehrs gemäßigt, ja fast unterdrückt, umgekehrt durch Enthaltsamkeit oder Unordnung im Verkehre entfesselt und wüst. (*Friedrich Nietzsche, 1886*) – Das Mönchtum, wie Antonius es auffaßte, war kein weiches Dulden, kein leeres Grübeln, keine romantische Schwärmerei und Weltflucht, sondern harte und ununterbrochene Arbeit im Sand der Wüste und an sich selbst, war Kampf nach innen und Buße für fremde Schuld. (*Hans Hümmler, 1954*) – Er entwickelte eine Ausstrahlung von so magnetischem Zauber und eine Offenheit gegenüber allen, daß jeder Fremde, der ihm begegnete, wenn er von Scharen von Jüngern, von Mönchen, die zu Besuch waren, und von Laienpredigern umgeben war, sofort wußte, wer in diesem dichten Gedränge schwarzgekleideter Gestalten der große Antonius war. (*Peter Brown, 1988/1994*; was bei Athanasius so lautete: »Wenn er sich nämlich unter der Schar der Mönche befand und es wollte ihn jemand sehen, der ihn noch nicht kannte, dann trat er sogleich hinzu, überging die anderen und eilte zu ihm, gleichsam angezogen von seinen Augen«.) – Als Bauernpatron könnte Antonius auch ein unersetzlicher Inspirator sein – für die Rettung der Schöpfung und für die Bewahrung der Umwelt vor zerstörerischen Eingriffen. (*Prof. Dr. Alfred Läpple, 2000*)

Absichtlich noch verrückter als normale Verrückte

Buhlul – Tagedieb, weiser Idiot, Stadtnarr, Quasiverrückter
(ca. 740–805)

Abu Wuhaib Buhlul (*auch Bahlul und Bohlul*) bin Amr (*as-Sairafi*) verbrachte sein Leben überwiegend in seinem Geburtsort Kufa – Abstecher nach Basra, al-Hira und Tarsus abgerechnet. Vielleicht nicht so extrem wie Äsop oder Quasimodo, aber Buhlul war bucklig. 600 Dirham, geerbt von seinem Vater, verschleuderte er umgehend. Wer Buhlul singen hören wollte, mußte einen Groschen zahlen. Wem Buhluls Gesang zuviel wurde, hatte für Buhluls Verstummen einen Doppelgroschen hinzulegen. Mit Steinen beworfen, reichte er den bösen Buben kleinere Steine und bat darum, nicht so große Formate zu wählen, da er sonst am Beten gehindert würde. Passanten, die den Verrückten von Kufa en passant schlugen, rief Buhlul hinterher: »He, Bube, riech doch mal an deiner Hand!« Zeitweise bestrich er nämlich seinen Nacken mit Kot, um Spottvögeln die Handgreiflichkeit abzugewöhnen. Mal beklagte er sich über Lausbuben, die ihn bewarfen, ausdrücklich nicht, da sie sich später vielleicht mal seiner erbarmen würden; dann wieder kniff, watschte und biß er vaterlose Lausbuben jetzt schon, lang bevor sie ihn schlugen, zur Strafe, daß sie ihn Jahre später mal schlagen würden. Befragt, warum er

Buhlul – einer der vielen Hodscha Nasruddins

auf dem Friedhof lungere, erklärte er: »Ich sitz gern bei Leuten, die mich nicht quälen und die mir, wenn ich fortgehe, nichts Übles nachsagen.« Und warum ließ er ein Bein in die Gruft baumeln? Um sich am Höllenfeuer, worin die Seele des toten Sünders schmorte, ein wenig aufzuwärmen, weshalb er selbst im Winter barfuß durch Pfützen lief und sich an weit entfernten Kerzen wärmte. Gern teilte er das Erbteil mittellos Sterbender. Dann wieder schlug er auf Gräber ein, weil die Toten vor kurzem noch gelogen hatten. In der Öffentlichkeit zu essen, schämte Mundräuber Buhlul sich nicht: »Allah schämte sich nicht, mich hungrig zu machen auf der Straße; soll ich mich schämen, auf ihr zu essen?« Sich nie von seinem Stock trennend, tat er drei Dinge oft gleichzeitig: kacken, essen und sich hierbei noch lausen. Bald erhielt er den Zusatznamen al-Madschnun al-Kufi, der Verrückte von Kufa. Mit Mit-Narren wie Ulaidschan oder Zaid verkehrte Buhlul gern auch persönlich. Aufgefordert, alle Verrückten aufzulisten, entgegnete Buhlul: »Das dauert zu lang. Zähl ich lieber die Vernünftigen auf.« Bisweilen prahlte er, Pionier im Verrücktsein zu sein, verrückter als Normalverrückte, eher verrückt als andere stadtbekannt herumstreunende, nicht wirklich Verrückte (siehe den thebanischen Prioritätsstreit um Paulus und Antonius, wer der erste Eremit auf europäischem Boden gewesen sei). Bisweilen schmiß er mit Koranzitaten um sich oder rezitierte zarte Selfmade-Dichtungen. Schöner Beitrag zur Kulturgeschichte musulmanischer Blasphemie: Einer forderte den Schiiten Buhlul auf: »Schmähe Fatima, und ich geb dir einen ganzen Dirham!« Buhlul: »Laß mich Aischa schmähen und gib mir einen halben Dirham.« Als Abu Hanifa mit der These, daß Unsichtbares nicht vorhanden sei, arg in die Nähe von Gotteskritik geriet, warf Buhlul ihm einen Ziegel an die Stirn, um ihm zu beweisen, daß Schmerz vorhanden und trotzdem unsichtbar sein könne. Seltsame kosmologische Vorstellungen: Menschengewimmel erklärte er als Vorbedingung der gleichmäßigen Auslastung der Erdscheibe, die kippen würde, wenn alle gleichzeitig auf eine Seite gehen würde. Einmal, tagelang ausgehungert, brach er nachts bei seinem Nachbarn ein, am Tatort aber, unverrichteter Dinge, packte ihn Reue und er sich am Bart, und weckte alle: »Packt den Dieb!« Unbedingt wollte er zum Kadi geführt werden, da ging der Nachbar in sich und wies ihm eine Rente an. Über seine Sexualität ward wenig überliefert, außer, daß er einer Braut davonlief, weil er aus ihrem Bauch Stimmen gehört hatte, die irgendwas von ihm verlangten, und daß er sich beim Beischlaf absichtlich dumm anstellte, indem er die Tips seiner Schwiegermutter allzu wörtlich ausführte; und daß er die Verführungsversuche einer Vettel, die ihn in einer Ruine nackt beim Kleiderflicken überraschte, einfallsreich abschmetterte, durch Gegenfragen: »Wieviel wiegen meine Hände?«, »– meine Füße?« usw. »Denn welcher Verständige würde, um das Vergnügen eines kleinen Gliedes willen, all diese Körperteile im Höllenfeuer schmoren lassen!?« Den Statthalter von Kufa, der an der Geburt einer Tochter litt, spendete Buhlul bestmöglichen Trost: »Warum bist du eines gesunden Geschöpfes wegen niedergeschlagen? Wär dir ein Sohn lieber, der so verrückt wär wie ich?« Dann wieder schimpfte er auf Gönner, die ihm, statt leckeren Fettschwanz, nur gehackte Rüben gönnten.

Zunächst ging Buhlul um als einer von vielen Narren, die damals umgingen, dann aber ragte er aus der damaligen Narrenschwemme deutlich hervor und ließ Abu Ali, Abu Dik, Abu Nasr, Abu Sa'id ad-Dubai, Alkama, Aschat, Asidscha, Bakara, Buhha, Dschifar aus Dschaman, Fulait, Guaifaran, Hadschdschuna, Kudais, Sahl ibn abi-Malik, Hammam ibn abi Hammam, Juhanna, Numair, Salama, Sabik, Sakar, Uschra, Habannaka, Muzabbid, Tauban, Dakkar, Raihana; den Irren vom Kloster Zakka; Imrulkais, den Beduinen; Halid, den Schreiber, und äußerst viele andere weit hinter sich. Als der an Kufa gebundene, historische Buhlul in den legendären Buhlul überging, tauchte er zunehmend in Bagdad auf und kam als orientalischer Diogenes also auch bald – wenn auch durch zweihundert Jahre von ihm getrennt – mit Harun al-Raschid zusammen, wie Diogenes mit Alexander: Weil Buhlul sich kurz auf dessen Thron setzte, wurde er vertrimmt und rief: »Um wieviel ausdauernder wird man erst den Kalifen verprügeln, der doch schon seit Jahren draufsitzt!« Als der Kalif den Buhlul zum »König der Schweine« krönte, betrachtete König Buhlul ab sofort den Großwesir als seinen Untertan. Kalif für Menschen wollte er nicht werden, da er bereits drei Kalifen kommen und gehn gesehn hatte, die aber alle drei noch keinen einzigen Buhlul sterben sahen. Als Kalif Harun sich erbot, Buhluls Schulden zu zahlen, wehrte Buhlul ab: »Willst du Schulden mit Schulden begleichen? Du hast ja an eigenem Besitz keinen Heller. Geh und gib das Geld der Musulmanen zurück!« Als Kalif Harun ihm andere Wohltaten erwies, entfloh er mit den Worten: »Allah wird dir dafür nicht danken … und sogar mich vergessen …« Betrübt über den Weltzustand oder über Kalif Haruns Missetaten, verkniff Buhlul jahrelang sich jedes Gelächter. Aus Bagdad durch steineschmeißende Kinder vertrieben, nachts in Basra nicht mehr am Stadttor reingelassen, legte er sich neben einen Schlafenden, erwachte neben einem Ermordeten, ward als Mörder angeklagt, unter den Galgen geführt, als plötzlich im Publikum sich der wirkliche Mörder stellte, für den Buhlul dann erfolgreich Fürsprache einlegte. Spätere Legendenknäuel führten Buhlul auch mit Mystikern zusammen, mit Dschunaid und Schibli, die erst Jahrzehnte nach Buhluls Tod geboren wurden. Buhlul ritt per Steckenpferd in die Steppe hinaus, zur Truppenschau Allahs, gesichtet hierbei von Schibli, kam verweint und zerbrochenen Steckens zurück; denn Allah hatte Buhluls Bewerbung um den Job eines Troßknechts barsch zurückgewiesen: »Als er mich erkannte, jagte er mich davon«: eine womöglich vordatierte Variante auf Luqman as-Saraxsis womöglich hinterherhinkenden Steckenpferdausritt zwecks Gottbekämpfung. Buhluls 1108 errichteter Grabstein stand, statt in Kufa, in Bagdad. Ibn al-Arabi benannte in seiner »Al-Futuhat al-Makkiya« ekstatische Abwesen- und Versunkenheiten, während derer man Gebete und Rituale mechanisch weiterführt, ohne hinterher etwas davon zu wissen, nach Buhlul »buhlala«, was klanglich in Ballaballa, Dada und Gaga u.ä. Guttural-Galimathias überging. Von irgendwelchen Dorfirren sagte Rumi, sie seien »der Buhlul ihres Dorfes«. Buhluls Aussprüche und Anekdoten wurden überliefert z.B. von Gahiz, Ibn abi-d-Dunja, Ahmad ibn Luqman und Abu Ali Sahl ibn Ali aus Bagdad und zusammengefaßt von Abul-Kasim al-Hasan ibn Muhammad ibn Habib an-Naisaburi (gestorben. 1015), an den dann wieder Sarradsch, Watwat und Kutubi anknüpften, allesamt wieder hervorgezogen im 20. Jahrhundert. Buhluls galgenhumorigen Vergänglichkeitsschauder und Aphorismen produzierten Querbezüge zu Hamlet, christlichem Memento mori, zu Andreas Gryphius' Gedanken auf dem Kirchhof.

Worte von Buhlul: Mein Brief an Dich wird geschrieben in der Nacht des Geburtstags, drei Stunden nach Tagesanbruch, während der Tigris vor Wasser überströmt hier in Mossul, wo die Steine nicht anwachsen, es sei denn an Menge, und die Kinder – Allah möge sie vernichten – sich nicht mehren, es sei denn an Angriffslust und Garstigkeit. (Brieflich an Ainawa) – Siehst du nicht diese fragenden Augen, die verwesten Kelze, die ausgcrupften Haare, die zerrissenen Häute, die leeren Schädel: diese verfaulten Edlen, die ihren Nachkommen nicht mehr nahe sind, und die untereinander nicht mehr freund sind? Wie auch, da sie zermalmt sind von den Gebresten des Unheils, deren Fleisch die Steine in der Erde gefressen haben, und deren Häuser leer sind! Die Dörfer sind dunkel geworden, nachdem sie früher im

Mittelpunkt standen; schöne Dinge sind verfault, nachdem sie einst strotzten. Jetzt ziehen die Winde mit ihrem Anhang über sie her, und der Himmel hat sich gegen sie verschworen, mit seinen Sturzbächen. – Wie wäre es, wenn dich Allah vor sich stellte und dich nach den Grübchen, Häutchen und Fädchen eines abgelutschten Dattelkerns befragte?

Buhlul über sich selbst: Ich bin zu den Gräbern gegangen, da ich unter den Lebenden keinen Einsichtigen fand. Die Toten sind zwar äußerlich tot, innerlich aber leben sie und sind sich aller Dinge bewußt.

Andere über Buhlul: Ich kam an Buhlul vorbei, als er Naschwerk aß. Als ich ihn bat, mir etwas abzugeben, sagte er: »Das Süßzeug gehört mir nicht. Sondern Atika, der Tochter des Kalifen, sandte es mir, damit ich es für sie esse.« *(Ibrahim as-Saibani, gestorben 911)* – Buhlul wird hier im Laufe der Jahrhunderte von einem ursprünglich recht derben Narren, der primär durch seine furchtlose und krasse Art der Belehrung hervortritt, in der (nicht nur populären) schiitischen Literatur jüngerer und jüngster Zeit zu einem Vorbild an Gottesfurcht und mystisch orientierter Anklage der Weltlichkeit. (*Ulrich Marzolph, 1983*)

Mit irdischem Ochsen ein Felsenmeer pflügen

Han Shan – Wildnis-Dichter, Gebirgs-Einsiedel, Dao-Buddhist
(um 650 n.Chr.)

Er kam aus Han Dan und sprach auch später den Dialekt dieser Gegend. Wie er zunächst hieß, wußte später keiner mehr. Als Kind, wenn er zum Pflügen rausmußte, nahm er im Ärmel Lektüre mit. Als junger Mann sprengte er auf einem Schimmel ganztägig durch Ping Ling, frönte der Falkenjagd, segelte auf tausend Booten, gab Abschiedsfeste, spielte Zither auf der Papageieninsel. Vieles ging ihm, der sich oft ungeschickt anstellte, schief. Als er sich um Anstellung bemühte, legte ihm ein Auswahlkommissar Steine in den Weg. Mit dem Studium von drei Geschichtswerken und fünf Klassikern plagte er sich fast so sehr wie mit Zensuslisten und Steuerformularen. Da jeder an ihm mäkelte und ihn herumschubste, vor allem auch seine eigene Frau, die ihm mehrere Kinder gebar, riß er alle Brücken hinter sich ab. Er zog sich aus der »Welt des Staubes« zurück, auf einen Gipfel des Tiantai Gebirges, 70 Meilen westlich von Tang Xing, in der Provinz Zhejiang, und trug ab da den Pinselnamen Han Shan (Kalte Klippe, Kalter Berg, jap. – Kanzan). Den Gipfel des Han Shan beschrieb Han-Shan-Bewohner Han Shan als geheimnisvoll und den Aufstieg über gewundene Pfade als furchteinflößend. Nicht nur Hirsche lebten dort, auch Tiger. Schnee sah er auch im Sommer. Im ungemähten Hof, wo Ranken über Felsen baumelten, murmelte er über Schriftrollen. Regen tropfte ihm durchs Dach auf sein Lager, durch Löcher, von Spatzen gebohrt. Er aber achtete selbst das Leben der Unsterblichen für gering. Seit er seine Katze verlor, belagerten Ratten seinen Reiskrug. Gedichte, ohne Titel, ohne Datum, pinselte er, mangels Papier, irgendwohin. Zwischen Mandarinenten, Pirolen und Maulbeerbäumen verglich er sich einem abgehalfterten Kranich. Inner- und außerhalb seiner Gedichte trug er eine Baumwollkappe; Zeitzeugen wußten von einem Hut aus Birkenrinde. Ein Küchengehilfe, der unweit im Kloster Guo Jing arbeitete, Shi Dö, versorgte ihn oft mit Essensresten. Wenn Han Shan durch Gänge und Hallen schlurfte und Mönche sich über ihn lustig machten, erschreckte er sie händeklatschend durch Gepruste, Lachsalven und buddhistisch mysteriöse Satzfetzen à la: »O weh, o weh, sie kreisen ja doch nur wieder durch die drei Welten!« (Im Klartext: »Ätsch, ihr strebt umsonst zum Nirwana!«) Wenn er den Buddhisten seiner Zeit zusah, wie sich keiner an die Mönchsregeln hielt, und die Daoisten, die ihre Unsterblichkeitsgetränke ganz umsonst schlürften, sehnte er sich nach den Weisen des Altertums; die aber lagen alle unter dem grünen Hügel. Ausgewogen schwankte Han Shan zwischen daoistischer, reiner interesseloser Gebirgslandschafts-Kontemplation und buddhistischer Sicht: In einem blätterlosen Baum, von Axthieben verstümmelt, erblickte Han Shan das Leiden aller Kreatur. Karma, Wu Wei, Geburtenkreislauf, Sutren, Dao und Dharma lagen in bunter Reihe friedlich beieinander im Schmelztiegel von Han Shans Kopf. Zwanglos tauchte in seinen Versen auch der Sumeru auf, der hinduistische Olympos, als wär er vom Kalten Berg aus zu sehen. Sah er einen Schmetterling, dachte er an Zhuangzi; sah er Fische, dachte er an deren Freude. Trotz Belesenheit sammelte Han Shan Kräuter für ein daoistisches Elixier; philosophischer Daoismus und alchimistischer Dao-Hokuspokus kamen sich bei ihm nicht in die Quere. Die gelben Quellen, das Totenreich des chinesischen Volksglaubens, ließ er sich nicht nehmen. Einzig omnipräsenter Konfuzianismus, dessen Basiswerke (*Lun Yu, Shu Dsching*) laut Han Shan nur Binsenweisheiten enthielten (genau wie das Hou Han Shu) paßte ihm nicht ganz rein ins stimmige Konglomerat. Ein Prof. Wang monierte Schönheitsfehler an Han Shans Gedichten, die leider keine (offenbar obligatorischen) Kranichknie und Wespentaillen zeigten. An Schlaumeiern und Klugscheißern bekrittelte Han Shan deren Dao-Ferne; einfache Leute verunglimpfte er als halbstarke Schwachköpfe und stumpfsinnige Fleischklumpen. Eine neureiche Frau, die seine Armut auslachte, lachte er wegen ihres Zasters aus. Obwohl Landschaftsgefühl erst in Verstädterungszeiten entstand, hatte Han Shan (wie alle Tang-Dichter) Sinn für quellende Wolkenwirbel, Steilklippen und Fernblicke. Von jadefarbenen Gipfeln schwärmte er, smaragdgrünen Weihern, vom Sfumato blauer Ferne (was Künstler im Abendland erst tausend Jahre später reizvoll zu finden anfingen). Bei aller Selbstgenügsamkeit und später sogenannter Naturverbundenheit dachte Han Shan wehmütig an die Hauptstadt (wenn auch nicht ganz so zerquält wie Ovid im ländlichen Exil). Irgendwann wuchsen ihm Einsamkeit und Natur über den Kopf, doch als er zurückwollte ins Gewimmel der Welt, hielten seine Zimtbäume ihn zurück. Als einsiedelnder Greis, der dreißig Jahre auf dem Han Shan verbrachte, träumte Han Shan bisweilen von seiner damaligen Frau, sah sie am Webstuhl sitzen, wie damals, aber sie erkannte ihn nicht mehr. Als der seriöse Chan-Meister (jap. Zen) Feng Ka (jap. Bukan) Gerüchte in Umlauf brachte, Han Shan sei ein Manjusri (also ein Bodhisattwa weltsprengender Weisheit), und sein Gefährte Shi Dö ein Samantabhadra (also ein Bodhisattwa alldurchdringender Güte), suchte der Präfekt von Taizhou das Kloster Guo Jing auf, wo der Würdenträger zwei Übermenschen zu verehren

Han Shan und Shi Dö pflügten mit irdischem Ochsen ein Felsenmeer

gedachte und in der Küche nur zwei feixende, reisstampfende, schäbig feuermachende Gestalten antraf, die sich über Plappermaul Feng Ka mokierten und ausriefen: »Du erkennst einen Amitabha nicht, was verbeugst du dich dann vor uns?« Das närrische Duo floh, Hand in Hand, vor dem hohen Gast ins Gebirge. Der ließ sie verfolgen und von Boten Geschenke nachliefern, Räucherwerk und zwei Garnituren sauberer Kleidung, doch als man Han Shan auftrieb, zeterte der nur: »Diebe! Diebe!« und floh in eine unzugängliche Felshöhle. Der verwirrte Präfekt beauftragte den Mönch Dao Jiao, den früheren Lebenswandel von Han Shan und Shi Dö zu erforschen und alle Poesie einzusammeln, die man auf Bäume, Steine, Fels- und Hauswände gepinselt vorfand. Über dreihundert Gedichte kamen zusammen, auch jenes, worin Han Shan herumphilosophierte, ob sein Körper und sein Ich wohl existieren oder nicht, derweil bereits Gras zwischen seinen Zehen wuchs und Leute Früchte und Wein herbeischleppten, anläßlich seiner Beerdigung. Auch zwei Gedichte von Meister Feng Ka gerieten hinein in die Sammlung.

In den großen Tang-Kanon mit 48000 Gedichten von 2200 Tang-Dichtern gelangte Hanshanzi (*Meister Han Shan*) nicht hinein, nicht mal in die Auswahl aus 300 Tang-Gedichten von 99 Tang-Dichtern. Aber auf Umwegen sprach er sich herum. Im bürokratischen China machte er sich, dank seiner verrätselten Weltabgewandtheit, so wenig beliebt wie im materialistisch-maoistischen und dann im turbo-konsumistischen China. Tuschmaler am Wegesrand der Jahrhunderte einigten sich ikonographisch auf einen Strolch mit wüstem Haarschopf, der grinsend Gedichte in die wolkenverhangene Wildnis hineinpinselt, um dann fast noch unhistorischer als Laozi abzutauchen, ein mythischer Pan, der sich einen Spaß draus machte, Waldgänger zu erschrecken und mit Kuhherden ›Muh!‹ zu schreien. Nur mühsam auf verwachsenen Pfaden stieg der Kalte Berg des Han Shan in die Bergkette heiliger Berge auf, von Tabor, Sinai, Kailash, Wu Di, Sainte Victoire, Mount Shasta. Dann aber erkannten Wissenschaft und Sinologie, Han Shans Lyrik stamme von mehreren Tang-Dichtern, deren Produkte zu einem Zyklus gebündelt worden seien, unterm Markennamen »Han Shan«. Seinen Lesern mochte es wehtun, den in Wolkenfeldern fast schon deutlich konturierten Dichter dann doch wieder in anonyme Kollegen transpersonal sich auflösen zu sehen. Selbst Han Shans Jahrhundert ließ sich hinterher nicht mehr exakt eingrenzen. Nebelschwaden, die er besang, griffen über ihn hinaus. Man einigte sich: frühestens 577, spätestens 871. Andererseits ging hierbei nicht viel verloren; alle Motive und Attribute der 2200 Tang-Dichter – Klagen um Greisentum, Verlorenheit winziger Menschen in nebeldurchwallter unwirtlicher Großraumlandschaft, bis hin zum Detail und Topos, daß Einsiedler ab und zu mit Holzfällern und Reisigsammlern zu plauschen pflegen – fanden sich vollzählig bei Han Shan wieder, so also flössen ohnedies sämtliche Tang-Dichter in eine einzige homogene Persönlichkeit zusammen: Jeder rackerte sich zunächst, wie bereits Laotse, als Büromensch und Steuerzahler ab, seilte dann aber sich ab, stieg aus, strebte und gelangte zurück zur Natur und ging als Einsiedler in ihr auf. Han Shans praktische Lebensweisheit, sich stets den Bauch vollzuschlagen, gern im Doppelpack mit angetüdelten »Ach wie flüchtig, ach wie nichtig«-Gedanken, schlug im Rückblick wahlverwandtschaftliche Brücken zu den fünf Weisen aus dem Bambuswald, wie Liu Ling, Omar Khayyam, Hafiz, Paul Scheerbart, Gusto Gräser. Han Shans Zeile »Das Kinn gestützt, lausch ich Vogelliedern«, fand sich beim Tandaradei-Dichter Walther von der Vogelweide wieder: »ich hete in mîne hant gesmogen daz kinne und ein mîn wange«. 1300 Jahre später wurde Gary Snyder von Jack Kerouac als Han Shan der Gegenwart gerühmt. Der ›dharma bum‹ Han Shan (*auch bei Allan Ginsberg*) wurde zu einem Stammvater der Beatniks, die sich eher auf des Zen-Beatles strubblige Frisur stürzten als auf Han Shans gelegentlich betonte Selbstdisziplin. Gefangen im Polit- und Psycho-Jargon des 20. Jahrhundts, feierte man Han Shan als Sinnsucher, als einen, der Selbstverwirklichung anstrebte, als Kritiker an gesellschaftlichen Verhältnissen, und seine Naturlyrik als eine Quelle der Freude und Inspiration. Aus seiner Zeile »Euch Fleischessern möcht ich ein Wörtchen sagen« schloß man, Han Shan sei Vegetarier gewesen, also in diesem Punkt Buddhist.

Worte von Han Shan: Wer von euch könnte eine Kelle Wasser dem Fisch leihen, der in der Wagenspur steckt? – Genau wie der Kranich des Herrn Yang seid ihr, so fürchte ich, als Blödköpfe geboren. – Pflüg mit irdischem Ochsen ein Felsenmeer und du erlebst nie einen Erntetag. – Du suchst nach einem Han-Zeit-Menschen und kannst doch nicht einen einzigen mehr finden. – Kannst du durch Bücherlesen dem Tod entrinnen? – Drum tauch dein Elixier in Knoblauchtunke und vergiß, daß sie so bitter schmeckt. – Wird es im Osten hell, lauert im Westen schon die Dunkelheit.

Han Shan über sich: Meine Worte erinnern sich an Han Shan. – Die Welt zu ändern, überlaß ich euch und sitze friedlich zwischen Felsgeröll. – Wenn ich eines Tages Geld besitze, trag ich Hüte, so hoch wie die Pagode dort! – Lauf ich im Matsch, so rutsch ich dauernd aus. Sitz ich bei Dörflern, knurrt der Magen unaufhörlich. – Befrag ich das I-Ging, warnt es vor Mißgeschick. Mein Leben unter schlechtem Stern: Dem Baum am Ufer werd ich niemals gleichen, der Jahr auf Jahr aufs neue grünt. – Mein Aussehn nimmt nicht grade für mich ein. Mein Körper ist ein Flickenbündel. Wo andre reden, halt ich meinen Mund. Und ihr, die ständig hierhin – dorthin rennt, versucht doch mal, zum Han Shan zu gelangen. – Weise Männer – ihr habt mich ausgespien. Ihr Narren – ich spei' euch aus! Ich will kein Narr und auch kein Weiser sein, drum laßt uns fortan nicht mehr voneinander hören. – Bin ich besoffen und stütz den Kopf in beide Hände, wird der höchste Berg des Himalaja ein Kügelchen. – Gern tat ich ab der Lebewelt endlose Händel, will für den Rest des Lebens Farne sammeln. – Wer hätt gedacht, daß ich nun unter diesen Föhren kaure, die Knie umklammert in rauschender Kälte. – Wer kann sich losreißen aus den Verstrickungen der Welt, mit mir zu hocken zwischen weißen Wolken? – Und pinselte ich meine Verse auf Reiskuchen: selbst streunende Köter würden nicht abbeißen wollen. – Den Mann vom Kalten Berg wird es für immer geben. Er ganz alleine lebt ohne Geburt und Tod. – Den Körper in ein schönes Kleid aus Nichts gehüllt, am Fuß ein Schuh vom Fell der Schildkröte, fest in der Hand den Bogen aus Kaninchenhörnern, streb ich den Dämon Ahnungslosigkeit zu töten. – Ich bin ein alter Mann mit einem höflichen gezeichneten Gesicht. Ich habe viele Sachen gesehen, aber was weiß ich? Möglicherweise weiß ich nichts. Möglicherweise weiß ich, warum der Regen von den Wolken fällt. Wenn die Gräser mit Morgentau naß sind, kann ich ihre weichen Stimmen hören. – Einmal hinausgeschaut über die Welt des Staubes, wie könnt ich zurückfallen ins Reich der Träume? – Bis heute bin ich nichts geworden, nur ein Greis. Was von meinem Leben bleibt – keiner Rede wert.

Andere über Han Shan: Seht diesen Tölpel, was für ein grobes Gesicht er hat! Sein Hut hat nie die richtige Größe. Den Gürtel trägt er immer viel zu eng! (Zeitgenössische Spottvögel über ihn, die Han Shan in einem seiner Gedichte zitierte) – Han Shan ist aus sich selbst Han Shan. (Schi Dö) – Niemand weiß, woher Han Shan kam. Jene Alten, die ihn noch getroffen haben, berichten alle, er sei ein armer Mann und ein verrückter Bursche gewesen. (*Lü Jiuyin, Präfekt von Taizhou, Vorwort zum Han Shan Shi*) – Zusammen mit seinem lebenslustigen Freund Shih Te soll er sich allen Konventionen widersetzt haben und zum Schrecken von Reisenden plötzlich aus den Nebelschwaden der Berge singend und lachend und sich wie verrückt gebärdend aufgetaucht sein. (*Jochen Kandel, 1985*)

Er suchte Laila selbst im Straßenkot

*Madschnun – Liebeswahnsinniger, Verzweiflungsdichter,
Wüstenbewohner (um 670 n.Chr.)*

Keis ibn al-Mulauwah al-Amiri (*Qeis/Qays/Kai's*), ein nordarabischer Beduinenjüngling der Umayyadenzeit, lernwillig, geschickt, begabt für Kriegskunst, Wortkunst, Musik, erblickte flüchtig das Mädchen eines Nachbarstamms, der vorbeizog, namens Laila bint Mahdi ibn Sad al-Amiri, und dachte fortan oft an sie. Das klang nicht ab; das steigerte sich. Die Kamelstute, mit der er in Richtung Laila (Nachtschöne, Nachtäugige, siehe Tausendundeine Nacht = alf Laila wa-Laila) aufbrach, rannte ständig zurück zu ihrem Fohlen. In ein Schaffell gehüllt, mischte sich Keis geduckt in die Herde, die man am Zeltlager der Sippe Lailas vorbeitrieb, hielt Ausschau, wollte einen Hauch Laila ergattern, wagte dann aber doch keinen genaueren Seitenblick. Quellen konnten sich nicht auf Zelte, Hütten oder Stadthäuser einigen und ob Laila Gegenliebe fühlte. Andere Jünglinge fanden Laila nicht übel; Keis aber rastete schon aus, wenn er bloß an Laila dachte. Sein besorgter Vater suchte Keis abzulenken, anderweitig zu verheiraten; er aber wollte einzig Laila. Deren Eltern fanden Keis' Zuneigung übertrieben und schlossen ihre Tochter noch mehr weg. Keis trieb seine Übertreibungen weiter. Wohlmeinende Freunde und Scherzbolde führten ihn auf ein Fest, wo man zusammengetrommelte schönste Mädchen vorführte, in der hämischen Absicht, Keis den Kopf noch ganz anders zu verdrehen, er aber ließ sich weder ablenken noch kurieren, sondern die nachtschwarzen Haare der einen erinnerten ihn unerfreulich an Laila, die Mandelaugen der nächsten qualvoll an Laila; die dritte ging ärgerlicherweise gekleidet wie Laila; die vierte lächelte unberechtigterweise wie Laila; doch die Summe zerstreuter Attribute, Ableitungen, Einzelzüge setzte keine Laila zusammen; Töne erreichten keinen vollen Akkord; keine glich ihr wirklich. Verstört taumelte Keis von hinnen und stürzte weinend in den Sand. Einen Freund bat er, ab und zu das Wort »Laila« auszusprechen. Ali flüsterte »Laila«, und Keis atmete beglückt auf. Ali verstummte, und Keis jaulte auf, mit gierig verwilderten Zügen: »O Ali, sag noch einmal: ›Laila‹!« Er erwischte sich, minutenlang nicht an Laila gedacht zu haben, und litt noch mehr. Jede Nacht träumte er von Laila, aber leider nicht in absolut jedem Traum. Nachts begann er sich gegen Schlaf zu sperren, aus Angst, anderes zu träumen als von Laila. Redeten Leute um ihn herum über Kamelprobleme, Sandsturmgefahr und Allah, klinkte er sich automatisch aus. Sobald das Wort »Laila« fiel, zuckte er zusammen; oder bei Worten, die mit »Lai« anfingen (persischen Klang-Äquivalenten von »leise«, »Leitmotiv« oder »Leidensgefährte«). Einer fragte ihn nach der Gebetsrichtung, er zeigte woandershin: »Unwissende beten in diese Richtung, zum Stein der Ka'aba. Die Richtung liegt in Wahrheit – dort. Hinter diesem Hügel

Wenn Madschnun sich kratzte, tropfte Laila hervor

leuchtet das Antlitz Lailas ...« Keis dachte öfter als an Allah an Laila. Allah verblaßte neben Laila. Laila überstrahlte Allah. Er empfand es als Blasphemie, nicht an Laila zu denken. Viele hielten ihn spätestens ab jetzt, zumal er jetzt bereits 40 Jahre zählte, für unreif, für pubertär durchgeknallt, für einen »Mad man«, persisch: »Madschnun« (Madjnun/ Macnun/ Medschnun/ Megnun = entrückt, verrückt, toll, närrisch, der von Dschinnen Besessene) und nannten ihn dann auch so. Der verzweifelte Vater schleppte ihn nach Mekka, auf daß er dort um Erlösung bete von seiner ruinösen Leidenschaft. Madschnun aber flehte Allah an, Er möge seine Liebe zu Laila noch hundertfach anfachen. Den Wind, der aus der Richtung ihres Dorfes oder Zeltplatzes wehte, sog er ein. Einen Holzhauer flehte er an, diese Zypresse nicht zu fällen, weil ihr Wuchs ihn an Laila erinnerte. Einen Köter, den jeder nur trat, fütterte er und küßte ihn – aber warum? Weil der

Hund durch genau jene Gasse hinkt war, durch die neulich angeblich Laila gewandelt kam. Eigendynamischen Gerüchten hatte Madschnun wenig entgegenzusetzen, außer neue Gerüchte. Als Frauen verkleidet schlichen seine Gefährten und er sich an Lailas Dorf heran. Bei einer zweiten Kurzbegegnung fragte er sie, ob sie ihn lieben könne. Da hörte er ein ganz leises »Nein ...« von ihren Lippen ... von Lailas Lippen! Er taumelte hinweg und rankte sich hinauf am zarten »Nein ...«. Sein zweitliebstes Wort hieß seitdem »Nein ...« Genau wie bei Iblis, der – als er verflucht wurde – freudig aufjauchzte; denn von Allah verflucht zu werden, schenkte mehr Lust als von allen anderen gesegnet zu werden. Seltsam, Laila, die gegen ihren Willen mit Ibn Salam verheiratet wurde, verweigerte sich ehelich diesem rücksichtsvollen Bräutigam. Viele verfolgten von fern gierig die Phasen, in die Madschnun sich weiterschreitend manövrierte; würde er die Kurve noch kriegen? Er trennte sich von allem Besitz, außer von jenem ollen Schaffell. Er zog sich in Wüste und Gebirge zurück, mit langen Haaren, zerfetzt runterhängenden Kleidern – als wär er Gottesmann, Verzichter, Selbstkasteier (die sich damals noch nicht Sufis nannten). Wüstenhitze hinderte Madschnuns Tränen, runterzulaufen oder überhaupt erst zu entstehen. Nagelbretter mit tausend Nägeln schmerzten ihn weniger als ein Nagelbrett mit nur einem einzigen Nagel. Lailas Eltern, einmal nah dran gewesen, ihre Tochter dem kaputten Brautwerber zu überlassen, hätten jetzt Laila lieber sterben gesehn, als sie einem Madschnun zu geben. Der saß neben einer Quelle, übergab ihr Wildblüten und sprach zum Wasser: »Spül die Blumen zu Laila!« Er bat Vögel, Laila mitzuteilen, daß er in ihrer Nähe sei. Seine Liebesgedichte vertraute er dem Wind an. Laila sammelte seine auftauchende Laila-Lyrik, worin er sein Leid frei äußerte; Laila aber mußte ihr Leid, falls auch sie litt, im Innern verschließen. »Die Geschichte von Madschnun und Laila« zog immer noch größere Kreise. Der atypische Anachoret und verliebte Asket wurde, indem er mit dem Vieh, den Vögeln und den Fischen redete und Rohrflöte blies, zu einem Orpheus in der Wüste. Pardelkatzen und Antilopen gesellten sich märchenhaft auch dann zu ihm, wenn er sie nicht fütterte; und ein Hirsch. Die Augen der Gazelle erinnerten ihn an die Augen Lailas. Wenn er sich schlafen legte, fegte ihm sein Wüstenfuchs den Schlafplatz mit dem Wuschelschwanz sauber – falls hier etliche Nachdichter, die 500 Jahre später den Stoff aufgriffen, vor allem Nizami und Fuzuli, sich nicht allzu viel Poesie zuschulden kommen ließen. So oder so, Heiler suchten Madschnun auf und bekämpften sowohl die Diphterie, an der er zeitweise litt, wie vor allem seine Zwangsvorstellung. Ein Derwisch suchte Lailas Eltern auf, um deren Tochter zu sehen, sah sie, begab sich in die Wüste zu Madschnun, der dort die Mittagshitze durch ein Lagerfeuer steigerte, und erzählte ihm: »Ich war sehr gespannt auf Laila, deren Schönheit dich, o Freund, zum Madschnun gemacht hat. Aber übrigens, ich fand sie gar nicht sooo besonders hübsch ...« Madschnun: »Lailas Schönheit hat keinen Fehler. Es muß an deinem Blick liegen. Um Laila zu erkennen, mußt du mein Auge haben.« Der Derwisch inszenierte ein neues Manöver, brachte drei Mädchen mit in die Wüste, eindeutig schönere Gestalten und Gesichter als Laila. Sah Madschnun die drei Schönen nicht oder guckte er nur nicht hin? »Wer Laila liebt, vermag keinen Blick auf eine andere zu werfen als auf ... Laila«. Was sah er an Laila? Hatte sich ihr Liebreiz, zunächst unscheinbar, erst in der Erinnerung entfaltet, wobei jedes faktische Wiedersehen vielleicht nur stören würde?

Madschnun zog sich in eine Zwerg-Oase zurück, saß dort am Tümpelchen, trank und weinte, da saß über ihm in der uralten Dattelpalme ein Rabe, sah mit gelb glitzernden Augen starr und teilnahmslos zu ihm runter, und vor allem an ihm vorbei. Madschnun spürte deutlich Rabenherz und Menschenherz inniglich dasselbe wie er fühlen: schwarze Einsamkeit; und sprach ihn freundlich an: »Was ist da runtergefallen? Eine Handvoll Nacht in meinen Tag? Was will deine Schwärze von meiner Seele? Sag an, du Rabe, was bewachst du hier?« Der Rabe hüpfte unverwandt auf einen etwas weiter entfernten Zweig. Madschnun entschuldigte sich, daß er kein Neger sei, sagte ihm passende Verse auf, lockte ihn mit Koseworten wie »Trauerstrupp« aus der Reserve, wurde unwirsch, nannte ihn: »Nun sag doch was, du Negerscheuche!« Der Rabe rückte noch weiter ab ... und schwang sich in die Dämmerung hinaus. Dunkelheit kroch heran und um Madschnun herum, bis alles schließlich so schwarz wurde wie Rabengefieder. Welch riesiger Rabe war diese Nacht! Urmutter Nacht (Laila!), aus der Allah erst später geschwisterlos und einsam hervorstieg, sah starr und teilnahmslos auf Madschnun (auch übersetzbar als »Umnachteter«) nieder, aus hunderttausend gelb glitzernden Augen. Madschnun, von Laila eingewickelt, umdunkelt, umflutet, hielt sich weinend die Augen zu. Würde man seinen Leib zerreißen, sagte Madschnun, würde jedes abgerissene Körperteil weiterhin »Laila!« rufen. Einer fand ihn, zwischen Ziegenschädel und Kamelkot, am Pistenrand sitzen und Sand durchsieben, und fragte ihn, was er da suche. »Ich suche Laila.« »Aber wieso im Straßenstaub?« Madschnun weinte trotz Hitze Tränen: »Ich such Laila überall, also auch hier. Vielleicht find ich Laila ja doch noch irgendwo ...« Exterritorialer Pantheismus, gehängt an ein sterbliches Wesen, steigerte sich weiter: Madschnun erkannte dann sogar seinen Vater nicht wieder: »Vater? Ich kenne keinen Vater. Ich kenne nur Laila.« Der Vater, aus Angst, sein Sohn würde an seiner Liebe sterben, wandte sich an Lailas Clan: »Was würde es schaden, wenn ihr ihm einmal erlaubtet, Laila zu sehen?« Erlaubnis wurde erteilt. Man führte ihn vor Lailas Zelt. Madschnun, bleicher als beim Gang zum Richtplatz, sank eine Sekunde, bevor man den Türvorhang halb hoch hob und Laila erschien, bewußtlos in den Sand. Später brachte man ihm die Kunde in seine Wüste: »Laila ist gekommen! Freu dich! Jetzt kannst du Laila doch noch zur Frau haben!« Madschnun kroch vor Schreck unter sein olles Schafsfell wie unter ein Rabengefieder und murmelte: »Ich bin selber ... Laila ...« Der Bote riß den Lappen fort, und Madschnun rief in die Richtung, in der Laila leibhaftig zu stehen schien: »Fort von mir! Ich bin so versunken in meiner Liebe zu Laila, daß ich keine Zeit mehr habe für Laila!« Spätestens hier überbot der persische Tristan sein italienisch säkulares Pendant Romeo, sowie auch jenen Don Quixote, der sich im entscheidenden Moment weigerte, die angebetete Dulcinea tatsächlich zu sehen, und trat in unmittelbare Konkurrenz zum Wähnen von Richard Wagners Tristan, mit Isolde in nirwanadesker Welten-Nacht zu verschwinden. Laila starb in kalter Herbstnacht an Husten; Madschnun, eingebettet ins platonische Pulverfaß, schleppte sich zu ihrem Grab, legte sich (wie Quasimodo) auf ihr Grab, tauchte sterbend in die Nacht auf Lailas Grab, geistig ultimativ umnachtet.

Seine Poesie, in den Wind gehustet, hier und da festgehalten, oder einfühlsam wiederhergestellt, meist Ghaselen, zeigte: Madschnuns Raserei blieb langfristig unüberboten. Allenfalls überbot Nizamis vertiefter Madschnun den vorhergehenden Madschnun. Epen begannen Madschnuns Leiden zu schildern, im Lauf der Jahrhunderte vierzig persische, dreißig türkische, zahllose arabische Epen, zuzüglich aserbaidschanische, anatolische, tschagataische Versionen. Aus dem Großknäuel zusätzlicher Legenden ließ die ursprüngliche Gestalt kaum noch sich herausschalen. Man wich voneinander ab in der Frage, ob Madschnun seine Laila (türkisch: Leila) erst mit vierzig kennen gelernt habe, oder bereits als Hirtenknabe. Manche Quellen datierten die Erstbegegnung vor bis in die Schulzeit, bis zur Sandkastenliebe. Bei Abdullah Hatefi träumte Laila, Madschnun sei gestorben und sterbe aus Trauer über diesen Traum. Eine Legende wollte wissen, Allah habe Madschnun bei dessen Einzug in den Himmel gefragt: »Schämst du dich nicht, mich Laila zu nennen?« In Reşat Nuri Güntekins »Leylâ ile Mecnun«, 1928, ging es dann zeitgemäß drum, wie man verliebter Verfallenheit vorbeugt: Beobachte dein Liebesobjekt derart indiskret, bis abstoßende Züge und Nachteile keine Verliebtheit mehr erlauben! Das funktioniert sicher in jedem Fall, außer im Casus des ewigen Madschnuns.

Worte von Madschnun: Wenn ihr wüßtet, was ein Liebender ist, so wüßtet ihr auch, daß man nur ein wenig kratzen muß an ihm, schon tropft die Geliebte heraus. – Fragte man die Liebenden, nach ihrem Tod: »Ihr Toten, fand ein Ende eure Not?«, so müßten sie wohl ehrlich Antwort geben: »Von unsern Körpern ist zwar nichts als Staub geblieben, doch brennt das Liebesfeuer noch in unsern Herzen.« (*Madschnun bei Nizami,12. Jh.*)

Madschnun über sich selbst: Ich bin der, den ich liebe, und der, den ich liebe, ist ich. (*Ein Satz Madschnuns, bisweilen auch Mansur al-Halladsch zugeschrieben*) – Ja, selbst die Sonne, die doch die Welt erleuchtet, wird von meinen Flammenseufzern versengt. – Wegen der Liebe spür ich auf meiner Leber ein Feuer und in meinen Knochen Zufriedenheit. (*Diwan Madschnun, 177, Nr. 166*) – Mag auch einer in langer Liebessehnsucht ein tröstliches Vergessen erfahren haben – ich jedenfalls merke nichts davon, daß ich Laila vergesse. (*Madschnunwort, überliefert von Sulami: Tabaqat*) – Eintausendundvierzig Jahre. Der Augenblick, in welchem ich Laila sehen durfte, enthält 1000 Jahre, an denen mein natürliches Lebensalter, als reiner Verlust zu rechnen, wie ein Anhängsel klebt. (*Antwort Madschnuns auf die Frage, wie alt er sei*) – Ihr seid zu mir gekommen, das Geheimnis Lailas zu erfahren, doch ihr seht mich mit dem Geheimnis Lailas geizen. (*Maybudi: Kaschf al-asrar, 10, 400*) – Läßt mich die Trennung nicht mit dir zusammen sein, laß ich mich mit dem Staub vor deiner Türe ein. (*Madschnun in Ahmad Ghazali*) – Ich fürchte mich nicht vor dem Skalpell; ich kann mehr ertragen als ein Berg aus Stein. Ich bin ein Vagabund; mein Körper fühlt sich ohne Hiebe nicht wohl. Ich bin ein Liebender und werde ständig geschlagen. Und bin durch und durch erfüllt von Laila; meine Muschelschale ist übervoll mit ihrer Perle. (*Madschnun in Rumis Mathnawi, 5, 2015*) – Das höchste an Vereinigung mit ihr, was ich erreichte, sind Wünsche, die sich nicht erfüllen, wie das Leuchten eines Blitzes. Ich bin verrückt nach Laila und sie auf einen andern. Und eine andere ist nach mir verrückt, ich aber mag sie nicht. (*Diwan Abi Bakr asch-Schibli: Verse Madschnuns*) – Laila suchend, fand ich Allah. (*Madschnuns letzte Worte*)

Andere zu Madschnun: Wo ist Arznei für dein Gehirn? (*Madschnuns Vater zu Madschnun, bei Hatifi*) – Sei du wahnsinnig und laß den Verstand fahren, dann tut dir keiner etwas, wenn du in mein Dorf kommst. (*Laila zu Madschnun, in Fariduddin 'Attars Musibatname*)

Andere über Madschnun: Blickte er nach den wilden Tieren, so sagte er: »Laila«, blickte er nach den Bergen, so sagte er: »Laila«; blickte er auf die Leute, so sagte er »Laila«; und wenn man ihn fragte: »Wie heißt du und wie geht es dir?«, so sagte er: »Laila«. (*Abu Nasr Abdallah ibn Ali at-Tusi Sarradsch, gestorben 988: Kitab al-luma*) – Madschnun sieht eines Nachts Laila im Traum, springt auf und hängt sich an ihren Saum. Als er erwacht, bemerkt er, daß er den eigenen Gewandsaum gefaßt hat. (*Zulali: Mahmud u Ayaz*) – Als der Jäger der Ewigkeit aus der Natur Madschnuns ein Reittier machen wollte für Seine Liebe, dieser aber nicht vorbereitet war, in das Fangnetz der ewigen Liebe zu fallen, so daß er durch einen Strahl jener getötet worden wäre, da befahl Er, eine Zeit lang aus der Natur des Madschnun ein Reittier zu machen, damit er in der Liebe zu Laila heranreife, um dann die Liebe zu Gott ertragen zu können. (*Ainulqudat al-Hamadani – getötet 1130 n.Chr.: Zubat ul-haqaiq*) – Madschnun sieht auf einer Wand ein Gemälde: Madschnun und Laila, wie sie zusammensitzen, aufgemalt. Er ruft aus: »Nun sehe ich sie doch endlich einmal beisammen! Träume ich nicht? Laila und Madschnun sitzen beisammen? Wer hat sie je beisammen gesehn?« (*Fariduddin 'Attar: Ilihiname*) – Tagtäglich zieht er im Land herum, mit wirrem Haar, und hinter sich allerlei übles Pack, das ihm nachfolgt wie eine Meute losgelassener Hunden. Bald tanzt er, bald küßt er den Boden. Ständig dichtet und singt er seine Ghaselen; und da seine Verse leider gut sind, und seine Stimme schön, so lernen die Leute diese Lieder von ihm. (*Zeitgenossen über ihn, bei Nizami*) – Er trieb dem Tod entgegen, und so schnell er auf diesem Wege auch reiste – es ging ihm noch immer zu langsam. (*Nizami*) – Man fragte Lailas Madschnun: »Wie heißt du?« »Laila!«, antwortete er. Eines Tages fragte man ihn: »Ist denn Laila gestorben?« Er antwortete: »Laila ist in meinem Herzen. Sie ist nicht gestorben. Ich bin Laila.« Er kam einmal an Lailas Haus vorüber. Da er zum Himmel schaute, sagte man zu ihm: »Madschnun, schau nicht zum Himmel, sondern schau zur Mauer Lailas! Vielleicht bekommst du sie zu sehen.« Er entgegnete: »Ich begnüge mich mit einem Stern, dessen zill (Licht) auf Lailas Haus fällt.« (*Pseudo-Ghazali: Mukaschafat al-qulub 27, 19–22*) – Madschnun, der Laila bis zum Wahnsinn liebte, galt alle Weisheit dieser Welt nicht einen Grashalm. Kot und Gold waren in seinen Augen eins. (*Rumi*) – Der Kalif fragte Laila: »Bist du die, durch die Madschnun verwirrt wurde und sich selbst verlor? Du bist nicht schöner als andere Frauen!« »Seid still«, sagte Laila, »denn ihr seid nicht Madschnun.« (*Rumi: Mathnawi*) – Man sagte zu Madschnun: »Es gibt schönere Frauen als Laila. Wir werden sie zu dir bringen.« Er antwortete: »Ich liebe doch Laila nicht wegen ihres Aussehens. Laila ist ein Becher in meiner Hand, und ich bin in den Wein verliebt, den ich daraus trinke. Euer Blick bleibt am Becher hängen – vom Wein versteht ihr nichts. Was soll ich mit einem juwelenbesetzten Pokal voll Essig?

Dann lieber einen minderwertigen brüchigen Napf voll Wein!« Dieser Madschnun braucht Liebe, um den Wein vom Becher unterscheiden zu können. (*Rumi: Fihi ma fihi*) – Laila und Madschnun / ziehen mich an den Ohren: / die eine in diese, / der andere in jene Richtung, / ein Ohr in dieser, ein Ohr / in jener Hand, / die eine zieht mich zum Meer, / die andere zu der Wildnis hin: / in diesem Zwiespalt / drehe ich mich wie die Erde / klagend um mich selbst. (*Rumi: Diwan*) – Je süßer sein rührender Gesang tönt, desto mehr neigt sich sein Busen gegen die Dornen: Ach! er singt nur, um zu bluten, neigt sich nur hin, um seinen Geist aufzugeben: er stirbt auf der Rose in aromatischer Pein. (*Medschnun und Leila oder der arabische Petrach und seine Laura, nach dem Englischen des J. D'Israeli, Leipzig 1802, nach Dschami: Medschun, 15. Jh.*) – Wahnsinnig lag er hingestreckt, Glut fangend wie ein Herzenszunder, es überquoll der Kopf von Haaren, die ihm den Turban weggedrängt. (*Abdullah Hatefi, um 1447–1521*) – Medschnun, der Lieberasende, ist der Orlando Furioso des Orients, wenn gleich die Raserey beym abgezehrten, verschmachteten, duldenden Beduinen sich durch ganz andere Symptome äußert, als beym kraftvollen, kampf- und lustbegierigen Paladin – (*Joseph von Hammer, 1818*) – Darum war's der höchste Jammer / Als einst Medschnun sterbend wollte, / Daß vor Laila seinen Namen / Man hinfort nicht nennen sollte. (*J.W. von Goethe, 1816*) – Noch steht die Laube von Jasmin und Geißblatt, / Wo wir die hübschen Märchen uns erzählten, / Von Mödschnuns Wahnsinn und von Lailas Sehnsucht, / Von beider Liebe und von beider Tod. (*Heinrich Heine*) – In der tat besagen schon die ältesten berichte über Macnun, dass mit ihm überhaupt nur durch den namen Laila ein rapport herzustellen war, und dass nur, wenn er von Laila sprach, zu zusammenhängender rede imstande war. Sein irrer geist sei gänzlich auf diese eine vorstellung beschränkt gewesen. (*Hellmut Ritter, 1955/1978*) – Beide, Wahnsinn und Dichtertum, entspringen wie ein dunkler und ein heller Strahl derselben Quelle, sind Ausdruck der gleichen Verfremdung der Seele in der Welt der Menschen; und diese Menschen, die Madschnun seines Wahnsinns wegen schelten, bedauern und verhöhnen – sie bewundern, bestaunen, sammeln und singen seine Verse! Gibt es in der Weltliteratur eine Gestalt, in der tragischen »Doppelrolle« des Künstlers in dieser Welt, seine begnadete Passion, seine Größe und sein Versagen, das Paradoxon einer grenzenlosen Sehnsucht in einem so beschränkten Menschengeschöpf, gültiger und tiefgründiger beschworen worden wäre? (*Rudolf Gelpke, 1963*) – Majnun sieht Laila überall; jeder Ziegel ihres Hauses ist geheiligt; er küßt die Pfoten der Hunde, die durch ihre Straße gelaufen sind, und wird schließlich so vollständig mit ihr vereint, daß er sich fürchtet, zur Ader gelassen zu werden, denn »es könnte Laila verletzen«. Diese völlige Vereinigung führt ihn auch zu vollständiger Isolierung – er will sie gar nicht mehr sehen, weil ihre körperliche Erscheinung die Absolutheit seiner Herzensschau zerstören könnte. (*Annemarie Schimmel, 1975/1985*) – Die traurige Romanze von Laila und Madschnun wurde der islamischen Mystik zum Symbol für die auf Erden unerfüllbare Liebe des Menschen zu Gott. (*Wiebke Walther, 1980*) – M. Chaouki hat in einer sprachwissenschaftlichen Arbeit über das Poem von Madjnun und Laila gezeigt, daß der Dichter mehr als 60 verschiedene Begriffe für die Liebe verwendet, wobei 143mal die Liebe (hubb) gemeint ist, 100mal die heftige Zuneigung (Hawan, »Leidenschaft«), und wenigstens zehnmal die Schönheit (husn), die Verliebtheit (ashiqa) und das Begehren (ishtiha). (*Malek Chebel, 1997*) – Madschnun ist der vor Liebe, nach Liebe, in Liebe, durch Liebe Verzückte. Ein jeder auf dem Sufi-Weg wird eines Tages ein Madschnun. (*Stefan Makowski, 1997*)

Statt Hokuspokus und Pipifax – Nirwana

Milarepa – Wetterzauberer, Buddhist, Samsara-Auflöser, Dichter-Yogi, Brennessel-Eremit, Dämonenzähmer (1040–1123)

50 km nördlich von Kathmandu: Nach dem Tod seines Vaters kam Töpaga (herrlich zu hören) siebenjährig mit Mutter und Schwester bei Tante und Onkel unter, die stiefmütterlich sein Erbe verpraßten. Seine Mutter »Weiße Girlande« ermöglichte ihm, beim Lama »Acht Schlangen« zu studieren, und verlangte von ihm, Magie zu erlernen, um sich familiär an Tante und Onkel rächen zu können; drohte gar mit Selbstmord, wenn er nicht bald zaubern könne. Ein Magieausbilder reichte ihn weiter an einen Lama, der Zugang zu Rachegöttern hatte. Es gelang Töpaga mit finsteren Praktiken, auf der Hochzeit eines Neffen ein Gebäude einstürzen zu lassen – fünfunddreißig Gäste starben! – und die Überlebenden, die sich an seiner triumphierenden Mutter und ihm rächen wollten, durch Hagelkünste einzuschüchtern. Er aber, von Reue geplagt, sehnte sich nach würdigeren Idealen. Statt unerleuchtetes Simsalabim und infantilen Regenzauber zu üben, auf Ghostbuster-Niveau, strebte er Seelenheil und Einweihung in ewige Regionen und wahre Religion entgegen. Statt Superstition – Apotheose. Nach einem Intermezzo beim Nyingmapa-Guru Röngtön kam er 1078 zum verdienstvollen buddhistischen Lama Marpa, der aber gleich mal Wetterzauber gegen Wegelagerer von ihm forderte und ihn hinterher bezichtigte, schwarze Magie ausgeübt zu haben. Bevor Einweihung in Marpas Geheimlehren winkte, mußte der ständig vertröstete, schuldbeladene Adept erst mal ein Haus bauen und kurz vor Fertigstellung den Rohbau wieder abreißen, ums an anderer Stelle neu aufzubauen – und nochmal einzureißen. Töpaga schufte sich wund, litt sich krumm, baute ein drittes Mal ein Haus auf, ohne zu murren, siebenstöckig. Rückenweh und Verzweiflung humpelten um die Wette, oft gesteigert bis hin zu dreimal mißlingendem Guruhopping und Suizidgedanken, kaum gelindert von Dagmema, Marpas Frau, die oft ein gutes Wort für ihn einlegte, oft umsonst. Marpas Machtspielchen und Schikanen dienten aber dem Abbau des schlechten Karmas des Nachwuchszauberers. Schließlich wurde er dann doch noch feierlich in schwierige Meditationspraktiken eingeweiht, stieg zum Lieblings- und Meisterschüler auf, hatte aber plötzlich Heimweh, wollte doch nochmal seine alte Mutter wiedersehn. Marpa prophezeite, er

werde weder seine Mutter noch ihn, seinen Lehrer, wiedersehn. Trotzdem brach er in die Heimat auf, mit einer verschlossenen Rolle von Marpa, die er nur bei höchster Ausweglosigkeit öffnen solle, und erfuhr, daß seine Mutter schon vor acht Jahren gestorben war, sah sie unbeerdigt in verwahrloster Ruine liegen, brach zusammen, meditierte in Höhlen, traf die böse Tante wieder, die Hunde auf ihn hetzte, ihn mit Pfählen schlug, bis es ihm gelang, sie mit weisen Worten zur Reue zu bringen, vorübergehend, warf ihr dann seinen letzten Grundbesitz in den Rachen und drohte dem gewalttätigen Onkel mit Geistern – hatte er denn jetzt noch Macht über sie? Dann zog er sich ins Gebirge zurück, wo ihm bald der Gerstenrest ausging und es ihm nicht immer gelang, dem Winter etwas entgegenzusetzen. Er mußte verhungern oder sein Gelübde brechen, nie wieder zu den Menschen runterzusteigen. Lange hielt er durch. Dem fliehenden Hirsch sang er zu, daß er mit dem illusorischen Hirschkörper, samt Dornenkopf, weniger vor einem Hund fliehe, sondern umsonst vor dem Daseinskreislauf; schon setzte sich der Hirsch beruhigt neben ihn, wie kurz danach die verfolgende Hündin, der er ebenfalls ein Lied sang über ihr schlechtes Karma und ihren Drang, andere Körper zu erbeuten, statt den eigenen Geist in den Griff zu bekommen. Bei Dingen, die aufleuchteten und wieder verloschen, verweilte er nicht. Im Sturm, als er nicht Sammelreisig und Baumwollschal zugleich festhalten konnte und eins davon fahren lassen mußte, erkannte er, daß er leider doch noch am überwundenen Dasein haftete. Daß Haß an Hölle, Geiz an Hungergeister, Dummheit an Tiere, Begierde an Menschen, Eifersucht an Antigötter und Stolz an Götter fesselt: diesen sechs Fesseln entkam Milarepa mit sechs Methoden, die ihm in sechs Sphären der Gewißheit genau sechs Glückserfahrungen schenkten. Geröllberge, Schneeberge und begraste Hügel nannte er seine drei Einsiedeleien, Götter, Dämonen und Einsiedler seine drei Nachbarn, Brennesseln, Wildzwiebeln und Unkraut seine drei Speisen, Schiefer-, Schnee- und Lehmwasser seine drei Getränke. Zudem trank er aus Sturzbächen Gletscherwasser. Nur dreimal in sechs Jahren traf er Menschen: Wilderer sahen im Geröll ein grünhäutig verrunzeltes, federleichtes Gerippe hocken, also ein Gespenst, mit dreifach geknotetem Kleiderersatz und brennesselgrünen, steif hochgesträubten Haaren. Sie kieksten ihn mit Bogenspitzen, konnten sein grünes Samadhi, worin er weilte, kaum perforieren – da kam er zu sich; der erbarmungswürdigste Mensch, für den sie ihn hielten, widersprach ihnen, er sei der glücklichste Mensch. Das Lied, das er ihnen sang, sangen sie nach und unten im Tal allerlei Leuten vor – Milarepas Schwester Peta erkannte an diesem Lied ihren Bruder, stieg ins Gebirge, fand die grüne, schwer wiedererkennbare Gestalt, gab ihm besseres Essen, das aber nur Unruhe und Schmerz auslöste und seine Meditation verdünnte, was er als höchste Auswegslosigkeit empfand und nun Marpas Rolle öffnete, mit wunderbaren Anleitungen weiterer Übungen, das Samsara zu überwinden. Dinge für wirklich zu halten, behandelte er als Krankheit, die er zwang, abzuheilen. Er träumte, Leute böten ihm Essen an; als er erwachte, war er satt – wochenlang. Immer öfter träumte er nun von Flügen, und kaum durchschaute er die Wirklichkeit deutlicher denn je als Traum, konnte er auch außerhalb von Träumen fliegen, und zwar in Richtung weißer Magie. Lügen im Schaum der Welt hielt er für doppelt gemoppelt. Erst jetzt entwickelte sich jene innere Tummo-Hitze, die Kleiderlumpen unnötig machte. Als er berühmt wurde, wechselte er die Höhle. Seine liebe Schwester, die er einweihen wollte, kam dem nicht entgegen; aber seine verwitwete Tante kam reumütig zu ihm und wurde Büßerin auf dem Pfad zum Seelenfrieden. Fragen beantwortete er mit Liedern. Unterkunft lehnte er ab; lieber verbrachte er achtzehn Tage in einem Schneesturm. Sympathisanten versorgten ihn mit Tsampa (Röstmehl), Reis und Butterklumpen. Jäger baten ihn im vierten Jahr um Segen, schenkten ihm Fleisch. Er aß ein wenig, aber den Maden, die er darin entdeckte, wollte er nicht ihr Umfeld wegessen und kehrte zur salzlosen Brennesselsuppe zurück. Die Leute aus dem Tal suchten ihn in Schnee und Eis, sahen bloß einen Schneeleoparden, fanden ihn schließlich in einer Höhle, wo er grad Tsampa kochte und seine Retter rügte: »Ihr Dummköpfe, warum kommt ihr jetzt erst? Schnell, das Essen wird kalt!« Woher wußte er, daß sie einen Schneeleoparden gesehn hatten? Weil er selber das war! Kaum allein, schlichen sich von allen Seiten Geister herbei, eigentlich längst überwunden, kaum noch geglaubt, die ihn aber trotzdem sehr zausten und Reißzähne fletschten. Er sah sie mit magischem Kraftblick an, zwecks Unterwerfung, sie aber, statt sich aufzulösen, vermehrten sich. Anders als Antonius von Ägypten, der nichts hatte als seine Bannformeln, durchschaute Milarepa, buddhistisch gebildet, die Geister als Samsara und vermochte Spieße psychologisch umzudrehn, hieß die Geister willkommen, lobte sie, forderte sie auf, es sich hier bequem zu machen, bitte nicht hinwegzueilig, für immer hierzubleiben, schon brach unter den Geistern Panik aus, sie verschmolzen zu einem einzigen Geist, dem Dämonenkönig

Binayaka, der einen Wirbelsturm aufkommen ließ, in welchen er sich eindrehte und verschwand. Einige Hungergeister wollten sich in Milarepas religiöse Geheimnisse einweihen lassen, klagten aber über zu geringe Auffassungsfähigkeit. Daß er einiges gegen ihr übles Karma vorbrachte, das verstanden sie halbwegs. Andere Geister säumten einen Felspfad mit riesig aufblühenden Lauben, Schamhügeln, Venusbergen, Bartwolle, Oberlippen, Unterläppchen, Lustzapfen, Brunstwinkeln und Maihäutchen. Milarepa brachte als Gegenmittel seinen geheimen Vadschra zur Erektion, lief an neun Vulven vorbei, rieb sein Vadschra an einem geomantisch bedeutungsschwangeren Felsen, und alle Teile lösten sich in Regenbögen auf. Spannungen zwischen Milarepa und diversen Geistern paarten sich mit Rivalitäten zwischen ihm als Buddhist und alteingesessenen Bön-Priestern. Töten durfte man die nicht, aber mit Magie vertreiben, was in magische Wettkämpfe ausartete und Realitäten hinter sich ließ. Milarepa starb (wie Buddha an verdorbenem Eberweich) an vergifteter Milch, die ihm ein zu kurz gekommener Lama durch eine bestochene Frau verabreichen ließ. Obwohl der 84jährige den Anschlag durchschaute, trank er willig die Giftmilch und lehnte anschließend ein Gegenmittel ab. Er starb in der Morgendämmerung des vierzehnten Tages des letzten Wintermonats im Waldhasenjahr.

Bisweilen lauteten Milarepas Lebensdaten etwas anders: 1052–1135. Sein Schüler Gampopa, Arzt und klarer Kopf, setzte der wilden, anarchischasozialen Tilopa-Naropa-Marpa-Milarepa-Linie ein gemäßigtes Ende. Vierhundert Jahre nach ihm wurde sein Leben aufgeschrieben. Es hieß dann, er habe seine Berühmtheit vorausgesagt. Entweder hatte er seine magischatavistischen Verstickungen nie restlos abgestreift, oder das Abgestreifte wurde ihm nachträglich wieder angedichtet. Er stand dann imposant in der Endlosreihe vorbuddhistischer und auch nach Buddha stets wiederkehrender Magiergestalten à la Padmasambhava, Simon Magus, Gorbyas, Astrapsychos, Merlin. Ikonographisch bildete man ihn meist mit Baumwollhemd und grüner Hautfarbe ab und hütete authentische Fußabdrücke von ihm hier und da im Fels, auch Löcher seines Wanderstabs, die sich, statt vom Wind abgeflacht zu werden, vertieften und vermehrten. Entwicklungspsychologisch bzw. religionshistorisch stand er exakt auf jener Kippschwelle, wo magisches in kognitives Denken und dämonisch-polytheistische Allotria in monotheistischen Transzendentalismus übergeht, zwischen Lucius Apuleius von Madaura, achthundert Jahre vor Milarepa, der (in seinem Goldenen Eselsromans) mit schwarzer Magie liebäugelte, um alsdann in ernsthaftere Isismysterien eingeweiht zu werden, im Gegensatz zu Goethes Zauberlehrling und Harry Potter achthundert Jahre später, der auf Milarepas unweiser, infantil-archaischer Jugendstufe sieben Bände lang steckenblieb: Statt Nirwana – Hokuspokus und Pipifax.

Worte von Milarepa: – Ist etwas greifbar, ist es nicht der Himmel. Ist etwas zählbar, sind es nicht die Sterne. – Ist der Geist dumpf oder wild, verweilt man nicht in Meditation. – Glücklich ist ein Yogi, der so allein lebt wie ein verwundetes Tier. – Liebliche Worte sind trügerische Laute. Wer sie für wichtig hält, ist ein Narr. Vermitteln Worte keine Dharma-Gleichnisse, bleibt Verskunst nur schöner Schall. – Dieser unreine Körper ist ein Sack voller Unrat. Wer ihn eitel verschönert, ist töricht. – Himmel und Erde beschlossen, mir einen Eissturm zu schicken. Der peitschte das Wasser auf, rief purpurne Südwolken zusammen, nahm Sonne und Mond gefangen, fegte die 28 Gestirnumläufe hinweg, legte die 8 Wandelsterne in Ketten, wischte die Milchstraße fort und fraß sämtliche Sterne auf.

Milarepa: »Die Lehmpuppe dieses eingebildeten Körpers wird zusammenbrechen.«

Milarepa über sich selbst: Ich bin ein Yogi, der die letztendliche Wirklichkeit verstanden hat. – Ich sehnte mich so sehr nach Religion, daß ich zu essen vergaß. Am Tage sehnte ich mich danach zu sitzen, wenn ich ging; und zu gehen, wenn ich saß. – Ich hab immer noch nicht aufgehört, mir Eigenschaften vorzugaukeln, die ich gar nicht besitze. – Ich siegte über den Schnee und er schmolz zu Wasser. Wie gewaltig der Wind auch heulte, er legte sich schließlich von selbst, und mein Baumwollschal loderte wie Feuer. – Ich alter Mann bin eine Liederschatztruhe. – Ich bin das Wertvollste der menschlichen Wesen, denn ich mache das Bestmögliche aus der kostbaren Gnade eines gesegneten Lebens. – Da ich eine unwichtige Person bin, hab ich eine kleine Behausung. – Wäre Marpa noch am Leben, würde ich ihn besuchen – komme, was wolle. – Der Fisch gleitet durchs Wasser – wie nutzlos wär seine Geburt im Wasser, wenn er darin ertrinken könnte! Ich, Milarepa, fürchte mich nicht vor Dämonen – wie nutzlos wär's, die wahre Natur des Geistes zu durchschauen, wenn ich Angst vor Dämonen hätte! – Mich in einer Ortschaft niederzulassen, wär noch übler als sterben. – Schwarze Buchstaben in Büchern sind ungemein trügerisch; ich meditiere lieber über mündlicher Überlieferung. – In meiner Jugend wirkte ich schwarze Taten, im reifen Alter weiße; jetzt aber habe ich alle Unterscheidung von schwarz und weiß beiseitegelassen. – Die Angst vor dem Tod trieb mich in die Berge. Nun, da ich die endgültige Natur meines Geistes erkannte, hab ich nichts mehr zu befürchten. – Wer weise ist, handelt wie ich.

Andere über Milarepa: Die Nichtigkeit des Samsara klar vor Augen, setzte er sich auf einen Felsbrocken, der einem toten Schaf glich. (*Tsang Nyön Heruka, 15. Jh.*) – Milarepas Sexualleben schwankte zwischen asketischer Enthaltsamkeit und tantrischen Praktiken. Es gibt mehrere misogyne Gedichte von ihm. (*Victoria/Victor Trimondi, 1999*)

Selbst wenn die Sonne rostig würde – ein schlagfertiger Zwitter

Muzabbid – Halbwesen, Fummeltrine, Frechdachs, Spottvogel
(Mittelalter)

Er gehörte zur Personengruppe der Muhannatun, halbseiden schillernd, affektiert, bunt ausstaffiert (mit viel späterem Vokabular: Tunte, Transi, Schwuchtel, Schlampe, Callboy), wohnhaft im Muhannathane (Haus für weibische Männer, in späterem Vokabular: Etablissement, Puff, Schwulenbar, Eros-Center). Ramadan mochte er nicht, weil da als Kunden ausschließlich Juden und Christen anrückten. Rauschgesöffe hingegen mochte er, neigte zu niedlicher Kleinkriminalität, was er noch diminuierte: Seit ihm Sure 3, 161 nachging »Wer etwas veruntreut, wird das Diebsgut am Tag der Auferstehung bei sich tragen«, stibitzte er immer seltener etwas, außer öfters mal Parfümfläschlein, stets die kleinste Flaschengröße, um als Fliegengewicht am Jüngsten Tag nicht zu viel schleppen zu müssen. Polizeilich aufgegriffen, verdächtigt, beschwipst zu sein, aufgefordert, sich im Hals zu kitzeln, erboste sich Muzabbid: »Und wer ersetzt mir dann das Essen?« Oder: Als er einmal kostenlose Speisung erhielt, staunte er nicht schlecht, daß er nicht zugleich Prügel bekam, denn: »Schließlich gibt es doch auch sonst nichts umsonst.« Als beim Suppe-Vorkosten ein Gast nach dem anderen Fleisch rausfischte und mitteilte, was für ein Gewürz der Suppe noch fehle, monierte der spät drankommende Muzabbid: »Der Suppe fehlt noch – Fleisch.« Ohnedies recht mundfertig, wußte er seine groben Repliken und scharfzüngigen Kommentare zu perfektionieren: Gefragt, ob er was Feines im Haus habe (Mehl), sagte er: »Nein, nicht mal was Grobes.« Seinen Esel, der sich gegen den Rückweg stemmte, erläuterte er den Rumstehern und Zuguckern so: »Er kennt das schlechte Essen, das ihn dort erwartet.« Vom Hund gebissen, erhielt er den Rat, den Hund künftig zu füttern, um nicht nochmal gebissen zu werden; er aber lehnte ab: »Dann werden mich bald alle Hunde beißen, um anschließend von mir gefüttert zu werden.« Einerseits war er so arm, daß ein Nachbar, der einen Löffel von ihm borgen wollte, gesagt bekam, ach, hätten wir doch etwas im Haus, was wir mit Fingern oder Löffeln essen könnten. Andererseits trug Muzabbid einmal schweigend eine Schüssel, und als einer fragte, was darin sei, sagte er: »Wenn du's wissen dürftest, trüge sie keinen Deckel!« Was ihn schier zum doppeldeutigen Sufi erhob, so als hätte er nicht nur Käse und Fisch, sondern schier den unbekannten Gott mit sich herumgetragen. Von einer nicht sehr schmackhaften Süßspeise sagte er, sie sei hergestellt worden, bevor die Offenbarung zu den Bienen kam. Feilschende Käufer seines Esels zogen dessen Fehler an den Haaren herbei, da sagte Muzabbid: »Ihr würdet wahrscheinlich selbst auf der Sonne Rost finden!« Als man von ihm, den man als Geizhals sah, eine übergroße Summe für das Polieren seines Spiegels verlangte, sagte er: »Selbst wenn die Sonne rostig wäre, würde ich für ihre Polierung nicht so viel bezahlen!« Als Muzabbid – nicht ganz vorschriftsmäßig – Fisch zusammen mit Käse aß und deswegen gerügt wurde, sagte er: »Dem toten Fisch ist das doch egal.« (Dem Käse nicht?) Als seine Angewohnheit, stets zwei Bohnen simultan zu essen, getadelt wurde, mit dem Hinweis auf Muhammad, der das verboten hatte, erwiderte Muzabbid: »Hätte der Prophet mit Geizhälsen wie euch geschmaust, dann hätt er sicher vier Bohnen auf einmal erlaubt!« Selbst den Hadit, daß jedem die beabsichtigte, aber durch höhere Gewalt verhinderte Pilgerfahrt dennoch angerechnet werde, kommentierte er ziemlich ketzerisch: »Billiger kann man die Pilgerfahrt nun wirklich nicht machen.« Am Tag Arafa, an welchem Fasten so viel zählte wie ansonsten ein ganzes Fastenjahr, fastete Muzabbid nur bis Mittag, Begründung: »Mir reicht ein halbes Jahr.« Ein zum Islam konvertierter Christ, der mit den neuen Vorschriften nicht zurechtkam, bekam von Muzabbid gesagt: »Wenn schon Jesus nicht mit dir zufrieden war – Muhammad wirst du erst recht nicht gefallen!« Als er seinen Mantel nicht verschenken wollte und auf Sure 59, 9 hingewiesen wurde, sagte er: »Dieser Vers wurde im heißen Arabien offenbart, und nicht im kalten Syrien.« Befragt, ob er, als er zitternd da saß, nichts gegen die Kälte habe, erwiderte Muzabbid: »Doch, das Zittern.« Dummbeutel, die bereits beim Gewitter losheulten, der Jüngste Tag breche soeben an, bestärkte Muzabbid in ihrer Fehleinschätzung: »Ja, genau, fragt sich nur, wo der Antichrist und die Auferstehung bleiben!?« Beim Leichenschmaus spürte er, wie die Gier aufs Essen die Trauer um den verstorbenen Sohn des Hauses beiseiteschwemmte. Den Tod eines Totengräbers kommentierte er kopfschüttelnd: »Kannte er denn nicht das Sprichwort: ›Wer andern eine Grube gräbt, fällt selbst hinein?‹« Um seinen alten Gockel, den er zum Opferfest schlachten sollte, trauerte Muzabbid derart herzerweichend, daß gerührt mitschluchzende Nachbarn von allen Seiten mit krähenden Ersatzhähnen ankamen. Einem Mann mit starkem Bartwuchs empfahl er, einen Graben ums Gesicht zu ziehen, damit es nicht zuwachse. Als ihm ein häßlicher Mann einen Gefallen tat, verkniff Muzabbid sich die übliche Dankesformel »Allah befreie dich von allem Übel«, aus Angst, Allah könne den Wunsch wörtlich nehmen und des Helfers Visage grundsätzlich beiseite räumen. Die Scherzfrage, wer ihm am Hintern ein Loch gemacht habe, parierte Muzabbid: »Derselbe, der deiner Mutter zwei Löcher gemacht hat.« Als man sich fragte, was eine bestimmte Witwe geerbt habe, rief Muzabbid: »4 Monate und 10 Tage!« (die gesetzliche Wartefrist bis zur möglichen Neuheirat). Gefragt, ob einer mit achtzig noch Kinder bekommen könne, erwiderte Muzabbid: »Aber natürlich ... falls er einen dreißigjährigen Nachbarn hat.« Trotz seiner Muhannatgauhar (zwitterhaften Natur) schrieb man ihm auch Ehekrachwitze zu, also war er obendrein verheiratet. Seine schwangere Gattin, als Xanthippe geschildert, die ihn »Hahnrei!« und »Armseliger!« angiftete, wohl wissend um Muzabbids ungünstiges Aussehn, sagte zu ihm: »Weh uns, wenn das Kind dir ähnlich sieht!« Was Muzabbid parierte: »Wehe dir, wenn das Kind mir nicht ähnlich sieht!« Als er seine Gattin bei offener Haustür beim Ehebruch erwischte, hatte er nur ein Bedenken: »Welch Schande, wenn jemand anderes als ich euch so sähe!« Hier schlich in die häuslich-eheliche Idylle eine Eifersucht ein, wie sie auch damals schon ins Halblichtmilieu nicht so recht paßte; und während hermaphroditische Diven, Blickfängerinnen und Ladys eher betont schöne oder verschönerte Gesichter und Gestalten vorzeigen, paßt ein häßlicher Vater tatsächlich eher in biedere Familienkreise. Wenn sein Weib ihn beschimpfte »Laß das viele Saufen!«, rief er zurück: »Laß du das viele Fressen!« Als Muzabbid seine Frau, wegen ständigen Streits, dreimal verstoßen wollte und sie sich auf die langen Jahre gemeinsamen Lebens berief, sagte er, diese langen Jahre seien das einzige Vergehen, das wirklich zähle.

Muzabbid ging weniger als exakt plazierbare historische Persönlichkeit um als einer, der über Generationen hinweg vorkam, leicht variiert durch etliche Zeitläufte, sogar Jahrhunderte. Stets offen für ihm zugeschriebene flotte Sprüche, ein wandelndes Auffang- und Sammelbecken für frei flottierende Witze und Wanderanekdoten. Naisaburi nahm ihn in sein Narrenbuch auf. Aber selbst ausführlichste Enzyklopädien nahmen ihn nicht mit, obwohl es ihn natürlich trotzdem gab.

Worte von Muzabbid: Glaubst du wirklich, die Kindergebete könnten Regen herbeibringen? Wenn Allah Schulkinder erhören würde, gäb's längst keinen einzigen Lehrer mehr. – Beim Reichen lobt man sogar die Fürze; der Arme hingegen wird schon für das Niesen getadelt. – Warum ein Mann vier Frauen haben darf, und die Frau nur einen Mann? Weil Propheten, Herrscher, Richter und Polizisten Männer sind: Sie entscheiden zu ihrem eigenen Vorteil.

Muzabbid über sich selbst: Ich soll nicht verzweifeln? Das Glück wird kommen? Das glaub ich dir gern. Aber ich fürchte, es wird mich nicht finden. – Ich würd ein so gutes Essen selbst dann essen, wenn ich es ausgekotzt vorfände. – Mein Weib gebiert öfter Kinder, als ich mit ihr Beischlaf habe. – Allah, der den Himmel ganz ohne Säulen abstützte (*Sure 13, 2*), wird doch wohl auch den Armen helfen ... und mein Glück alle paar Meter mit Säulen abstützen.

Maso-Pedant, erlöst von Bruder Spatz und Buddha

Franziskus von Assisi, der »Spielmann Gottes« – Minderbruder, Ordensstifter, Regelüberwacher, Vogelprediger (1182–1226)

Giovanni Bernardone, von seiner französischen Mutter auch Francesco (Französlein) genannt, hineingeboren ins frühkapitalistische Fluidum eines prosperierenden Textil-Imperiums, spürte als Kind Freigebigkeit gegen Bedürftige, ganz artfremd, weil merkantiles Denken sprengend: Obdachlosen, die Kleingeld erbaten und denen er ein Almosen verweigerte, rannte er nach, um es ihnen doch noch zu geben. Elle und Maß abgeneigt, weltlichem Genuß zugetan, Wein, Weib, Völlerei, emphatisch erfüllt von agonal militanten Troubadour-Idealen, drängte es ihn als verfrühter Don Quixote im Krieg gegen Apulien nach dem Ritterschlag irdischen Ruhms, ehe nach Kerkerhaft in Perugia und Krankheit ihn ein ganz anderer Spleen, altertümlicher gesagt: eine andere Vision, aus dem Startloch riß und diesen neuen Saulus in einen Paulus umgoß, der nun väterliche Gelder für Restaurierungsarbeit zweckentfremdete, im baufälligen Klösterlein Sankt Damian und an der Feldkapelle »Maria von den Engeln«, die er Portiunkula nannte (Eigentümlein). Francesco legte sein Weltkleid ab, begann Jesus in Armut und Selbstverleugnung nachzufolgen, dergestalt konsequent, oder auch emphatisch, nein: exzessiv, daß ihn sein aufbrausender Vater enterbte und verstieß; bzw. der gutsituierte, mißratene Sohn verschmähte seine Tuchhändler-Herkunft dergestalt konsequent, daß er bei einem Krach mit dem Padrone sogar die Wäsche aus dessen Firma sich vom Leibe riß, auf offenem Markplatz im Angesicht bischöflicher Gerichtsbarkeit, und splitterfasernackt von hinnen eilte. Sein Fratello, der ihn in einer Kirche bibbernd beten sah, nur in Unterhose, spottete: »Verkauf mir einen Schweißtropfen!« Der Schritt von Giovanni Bernardone zu Sankt Franziskus, bei aller Jesus-Imitatio, erneuerte den Schritt von Siddhartha Gautama zu Buddha, dessen Hauslosigkeit, optimal mit den jesuanischen Lilien auf dem Felde verwandt, auch damals schon, bei kritischem Blick, asozial und obdachlos roch. Viele wunderten sich, daß diesem weder gelehrten noch adligen Luftikus viele nachliefen. Papst Innozenz III., wenig von ihm beeindruckt, sagte bei einer Audienz dem Hungerleider ins Gesicht: »Sicher findest du ein paar Schweine, die dich in ihrem Stall aufnehmen. Ihnen sollst du predigen. Schweinen gleichst du jedenfalls mehr als Menschen.« Grobian Dr. Martin Luther nannte den Franz »einen groben Gesellen«. Er sah auch nicht gut aus. Wenn er segelohrig daherkam, jesuanisch als Poverello, Ärmster der Armen, also (*nach Lukas 9, 3–5*) äußerst taschenlos, ohne Zweitrock, Wanderstab, Brot und Geld, barfuß, dafür aber inniglich verheiratet, statt mit Frau Prunksucht und Frau Welt, mit Frau Armut, deren erster Gatte Christum gewesen war und um die seit 1100 Jahren keiner mehr geworben hatte (*laut Dante Alighieri*), applaudierten manche, spürten religiösen Ernst ausstrahlen, jauchzten, winkten, läuteten. Sollte er lieber als Mystiker beten oder als Missionar predigen? Gott aber gab durch: Missionar. Von Umbrien aus ging er hin in alle Welt und predigte das Evangelium, wie Paulus und andere Zeugen Jehovas. »Joculatores Domini« nannte er sich und seine ersten Jünger: »Spielleute Gottes«. Eigentum lehnte er auch deshalb ab, weil er dann, um seinen Besitz zu verteidigen, jene Waffen gebraucht hätte, die er als junger Mann zunächst so herrlich gefunden hatte. Als der frischgebackene Laienprediger einen noch ärmeren Bettler traf, schämte er sich gar sehr (eigentlich eine Diogenes-Anekdote!). Beim Betteln nahm Franziskus nie Geld an, nur Naturalien. Kaum aß er bei einem Kardinal, der ihn einlud, etwas üppiger als üblich, wurde seine Andacht von Nachtgespenstern durchkreuzt, denen er dann zurief: »Wisset, ihr Geister, tut meinem Körper an, was euch erlaubt ist, ich hab keinen stärkeren Feind als meinen Leib, drum rächt euch an ihm und straft ihn; dann brauch ich das nicht zu tun!« Arbeitsteilung! Wenn nachts Sehnsucht aufkam nach einer bestimmten Frau, wenn nicht gar geschlechtliches Gelüst, wälzte er sich, als nähm er jene kalte Duschen vorweg, die im Viktorianismus gegen Mastrupatio helfen sollten, im Pappschnee, formte Klumpen draus und rief sich selber zu: »Sieh, Franz, das sind deine Frau und deine Kinder! Wie sie frieren und hungern, kleide und sättige sie!« Caritas contra Priapos! Wenn hingegen Mitbrüder unter vergleichbaren Anfechtungen litten, schrieb er ihnen ein paar Bannworte auf ein Papier, die trugen sie dann am Leib, schon zerfloß alle Geilheit zu nichts, laut apokrypher Legende, die atavistischem Amulettzauber frönte, späterer Sicht zufolge. Franz überwand seinen unüberwindlichen Ekel vor Aussatz und küßte infektiöse Wunden: Statt sich zu infizieren, schmolz die Lepra hinweg vorm Angesicht Christi. Um möglichst viel göttlichen Trost zu erlangen, weinte Franz oft, fast bis er das Augenlicht verlor. Auf seinem Sinai und Tabor, dem Berg Alverna, fastete er vierzig Tage zu Ehren des Erzengels Michael. Bald folgten fünftausend Brüder und sogar Schwestern dem franziskanischen Regelwerk. Sendboten missionierten in Europa und bei den Sarazenen in Nordafrika. Franz selbst begleitete ein Kreuzfahrerheer nach Palästina, wo er mit dem dortigen Sultan religiös fachsimpelte. Mit Ungewalt strebte er die naturwidrige Jesaja-Vision durchzusetzen, daß Wölfe bei Lämmern wohnen, und Pardel bei Böcken. Dem Wolf von Agobio, der sogar Menschen anfiel, ging Franz furchtlos kreuzschlagend entgegen, zähmte die Bestie nur mit Worten, rang ihm das Versprechen ab, hinfort nicht mehr Gottes Ebenbild, den Menschen, zu töten, machte den Wolf zum Lamm, der alsbald zwischen Menschen wohnte und um den, als er altersschwach starb, alle trauerten, falls nicht vor Ort, dann zumindest hinterher, so ab 1492. Bienen stellte Franz besten Wein auf. Bei Rom erwischte sein Geselle ihn, wie er unbeobachtet den Vögeln predigte. Bei der Burg Alvianum forderte er sogar Schwalben, die eine Predigt für Menschen übertönten, erfolgreich zum Schweigen auf, bis er selber würde ausgepredigt und Würmer zum Singen gebracht haben, wie vormals Orpheus Steine zum Weinen. Er predigte sogar Blumen, als hätten sie Vernunft. Wenn Franziskus zu den Wandelsternen aufblickte, sah er sie glitzernd ihren Schöpfer ehren. Bei Vollmond läutete er im Kirchlein Sturm, bis alle Bauern aus ihren Hütten gekrochen kamen, schlafverrunzelt, gähnend, sauer, zumal Franziskus nichts weiter mitzuteilen hatte, als daß Schwester Mond sehr schön sei und wie man das nur verschlafen könne. Und die Sonne sprach er mit »Bruder Sonne« an, der in Deutschland aus sprachlichen Gründen Schwester Sonne gewesen wäre. Nicht nur Lebewesen, die da kreuchten und fleuchten, auch Wesenheiten, anorganische Entitäten und Phänomene nahm er in den Bund auf, sogar lieblich personifizierte Abstrakta, von Schwester Demut bis Bruder Gehorsam. Mit Frau Solitude ließ sich selbst hartnäckige Einsamkeit vertreiben. Augenleiden, Malaria, mitgebracht aus Ägypten, Wassersucht, Milz-, Magen-, Leberprobleme begrüßte er als Schwestern. Als seine Hütte abbrannte und er sein Bettzeug aus den Flammen zog, packte ihn alsogleich Reue und er entschuldigte sich bei Bruder Feuer, daß er ihn bloß die Hütte fressen ließ und nicht auch sein Bett, schlechten Gewissens voll; denn Bruder Feuer, weil er das Bett nicht bekam, würde nun umso eher wieder hungrig werden und andern Leuten etwas fortessen. Fasane rettete er vom Bratspieß; Tauben und Fische fütterte er und ließ er frei; aber dem Animalium im Menschen gönnte er nichts, machte seine arme Physis alttestamentarisch zum Sündenbock, sperrte ihn ein, schimpfte ihn »Bruder Esel«, knechtete sich, überstreute karge Speise mit Asche, obwohl ein Zipfel Wohlgeschmack doch auch als Werk Gottes zu preisen gewesen wäre. Einsam, mit Scheelblick, stand der Asket im hochgejubelten Chorus seiner Geschwister – und sprach nie von »Bruder Schwein«. Aus seinem Laudes creaturarum nahm er Schweine stillschweigend aus. Eine bestimmte Sau, weil sie ein Lamm totgebissen hatte, verfluchte er, und siehe, o Wunder, das Schwein starb, atheistisch gesagt: Zufällig starb das Schwein drei Tage nach dem Fluch. Hier zeigte Albert Schweitzers Ehrfurcht vor dem Leben, von Franziskus bereits praktiziert, einen Riß. Auch mit seinem Vater söhnte der angehende Heilige sich nicht aus. Nicht einmal die Legende holte das nach.

Franzens Jesus-Nachfolge verlief, auf den Schluß zu, weniger als halb so dramatisch. Zwar zeigte er beglaubigte Stigmata, die ihm ein Seraph zufügte oder gönnte, und zwar als Erster auf diesem Gebiet; doch kein Märtyrertod, so sehr er ihn herbeibetete, kam in Sicht. Nur das ruhmlose Faktum nahte, daß der Mensch siecht und serbelt und daß es ihm wie dem Vieh geht: Wie dies stirbt, so stirbt auch er, und haben alle einerlei Odem: Mit Erblindungsanfällen lag er klaglos in einer Mäuseplage. Einem Mitbruder, der ihm Besserung seiner Leiden wünschte, drohte er mit Kontaktabbruch, weil dieser es wagte, durch Besserungswünsche Gottes Fügungen indirekt zu tadeln; siehe das Tawakkul (Gottvertrauen) der Sufis! Auf seinem Sterbelager – statt Bett nackter Boden – tat er auch noch seine Kutte von sich, um nackt zu sterben. Als der Arzt ihm nur noch wenig Lebenszeit gab, rief er freudig aus: »Sei willkommen, Bruder Tod!« So wenig Franz sich von Gott, seinem fernen, aber anrufbaren Ansprechpartner, im Stich gelassen fühlte, so verläßlich ließ ihn die Schwesternschar seiner Todesqualen nicht im Stich. So blieb er bis zuletzt aufgehoben, in toto unendlich familiär behütet und wohlgebettet in einem durchseelten Naturkosmos aus lauter Geschwistern, meilenfern von Blaise Pascals modernem Schauder vor dem ewigen Schweigen dieser unendlichen Räume.

Bereits seine ersten Bio- bzw. Hagiographen Thomas von Celano und Bonaventura sorgten für einen schon eifrig von Wundern durchsetzten Nährboden. Obwohl Franz sich selber nicht ganz unzutreffend als »unnützen Menschen und unwürdiges Geschöpf Gottes des Herrn« definiert hatte, buckelte und schleimte man so unterwürfig wie möglich: »Wir wissen, daß unsere Worte deinen ausgezeichneten Tugenden viel von ihrem Glanz nehmen, da sie unzureichend sind, die Großtaten einer solchen Vollkommenheit zu schildern.« Obwohl er auf den sieben der acht Porträtbildern, die in den ersten hundert Jahren nach seinem Tod entstanden, Bart trug, ging Franz vermutlich bartlos, Forschungen zufolge. Immer goldenere Legenden hefteten sich an seine Erdenspur. Je zartbesaiteter die Jahrhunderte sich verbiedermeierten, umso sanftäugiger wandelte alsdann, seit der Domesticatio des eifernden Gottes zum lieben Gott, neben dem Heiland, unserem lieben Herrn Jesu, der heilige Franz einher, als Minderbruder Immerfroh, Stifter der Franziskaner, der seraphische Heilige als beliebtes Lämmchen, jeder Kritik enthoben, heiliggesprochen bereits 1228, helfend bei Kopfweh und Pest, Schutzpatron der Klarissen, Terziaren, Armen, Blinden, Lahmen, Kaufleute, Weber, Posamentierer, Tapetenhändler, Tuchhändler, Schutzgeist ganz Italiens, später inklusive Tierärzte, Sozialarbeiter und Umweltschützer, Urbild aller Memmen, Idol aller späteren Pazifisten und Softies, everybodys darling, Patron katholischer Ornithologen, und das ausgerechnet in einem Land, allwo auch damals schon massenhaft Vogeljagd als Volkssport grassierte. Der Pater Seraphicus von Assisi stieg zum prominentesten, geliebtesten aller Heiligen im Großraum und Ballungsgebiet okzidentalen Christentums auf, zum christlichsten aller Christen. Doch wer die Schriften des gefühlvollen Vogelpredigers aufschlug und dem historischen Franz zuhörte, fand einen Hausvorsteher, der pedantisch in frömmelnden Formeln kramte, in Sünde, Buße, Kreuz, Jesus, Pflicht, Gnade watete, Vorschriften überwachte, schier als Knastverwalter, der für Untergebene ödes, lichtloses Regelwerk kalt erließ, herb durchdrückte, barsch optimierte. Masochistisch betete er rituelle Gehorsamsethik nach; ruminierte tiefgläubigen Beteuerungs-Jargon; hatte nicht nur was gegen Schweine, auch gegen Ungläubige: wahrlich alles andere als ein heiliger Narr, durchaus unsympathisch, eng katholisch, verdächtig christlich und nichts als das; zudem leidend an typischer Zyklothymie mit abgeschwächten schizoaffektiven Psychosen, akustischen Halluzinationen, Geltungsdrang. Seine Berühmtheit wurde regelmäßig mit religiösem Talent verwechselt. Das Standardwerk »Genie, Irrsinn und Ruhm« mußte kleinlaut zugeben, daß seine Intelligenz eher durchschnittlich sei und bei ihm von Genie nicht die Rede sein könne. »Grundstimmung: mystisch«. Tatsächlich gebar er, vor Ort, null Formulierung, die vom Seelengrund und Goldglanz seiner postum entzückenden Fioretti ein wenig spüren gelassen hätte, nichts von Franziskus' zärtlich bräutlicher Affinität zur kreatürlichen Schöpfung. Selbst sein Sonnengesang, der sich kaum unlapidarer anhörte als dreitausend Jahre vorher Echnatons Sonnengesang, blieb farblos, klanglos, hölzern, und konnte nur deshalb so berühmt werden, weil er innerhalb des noch zehnmal desolateren Christentums als einigermaßen erholsamer Lichtblick zu Buche schlug. Am berühmtesten wurde er für seine vor-, außer-, unchristliche, eher pantheistische Tierliebe: Franz predigte den Tieren: Vögel und Elefanten sicherten Franz und Hannibal deren Ewigkeit. Siebenhundert Jahre vor ihm bändigte Sankt Blasius via Gebet einen Wolf, und tausend Jahre vor ihm zähmten die Wüstenväter Löwen, aber für die Kopie wurde Franz berühmter als die Originale.

Franziskus stieg auf in die leuchtende Serie tiernärrische Geister: Yudhishthira, Hieronymus, Ägidius, Korbinian, Kukkuripa, Genoveva, Eustachios, Sankt Hubertus, Madschnun, Christian Wagner, Tiervater Brehm, Prof. Bernhard Grzimek, Konrad Lorenz, Heinz Sielmann. Ehe eurozentrische Spätsynoptiker den franziskanischen Archetypus bereits im alten Indien wiederfanden, schmuggelte Franz Buddha- und Dschaina-Geist ins Christentum ein, indische – auch indianische –, heidnische, vorheidnische, atavistische, neolithische, anthropomorphe, magische Ingredienzien und Spektralfarben. Er schwoll an zum Meilenstein im heimlichen Siegeszug des unauslöschlichen Paganismus mitten im umsonst flächendeckend durchmissionierten Mittelalter, tausend Jahre, bevor das Wort »Animismus« aufkam. Unterschied allenfalls: Würmchenbeiseitekehrer wie Dhammarui schonten Tiere, um nicht eigene Vorfahren zu essen; Franziskus liebte die Symbole zähmbarer Triebe, weil sie zur Schöpfung Gottes gehörten; man hatte jeweils seine Gründe. Ohne seine höhere Wahrheit, seinen nachpolierten Kometenschweif und Legendenkranz aus Rührstücken stünde der historische Franz wirklich rettungslos armselig und arm da, unendlich unberedter, undurchseelter, gröber, engbrüstiger, geistloser als nebenan der jubelfähige Maulana Rumi, ebenfalls Ordensstifter, in Franz' Todesjahr neunzehn Jahre alt. Aber dem historischen Minderbruder sprang hülfreich der legendäre Franziskus bei, aufgepinselt von Quellgrund und Volksmund, zur Not via Wunschdenken und Tendenzkunst, ein sinnreich nachgereifter, fromm herzerquickender, tränenlösender Herzblatt- und Herzblut-Heiliger Franz, den schuldverstrickte Fleischkonsumenten und ähnliche Brüder in industriell entzauberten Zeiten jederzeit dringend bräuchten und brauchen und der für immer den lieben drolligen Vögelein und Blümlein predigen darf, unbehindert und unbesudelbar vom mickrigen Ausgangsmaterial aus dem Hause Bernardone. Barthold Heinrich Brockes' naturseliges »Irdisches Vergnügen in Gott«, Friedrich Gottlieb Klopstocks grüngolden spielende Frühlingswürmchen, Wilhelm Bölsches »Sonnen und Sonnenstäubchen«, Gusto Gräsers Vogelverse holten beseelt nach, was dem historischen Franz fehlte. Dann wurde Francesco als Frühökologe gefeiert (*seit L. White: »The Historical Roots of Our Ecologic Crisis, Science«, Band 155, 1967, S. 1203*). Dekane und Didakten à la Prof. Dr. Alfred Läpple imprägnierten Franz von Assisi mit ihrem Psycho-Jargon und nannten ihn Impulsgeber für alle, die nach alternativen Wegen suchen. Und schon gab der Prototyp Denkanstöße. Alle Päpste und Pfarrer wurden dann aber, sobald sie die Bekämpfung der Armut als Ziel darstellten, wie der wohlgenährte Bischof Karl Lehmann in seiner Weihnachtsansprache 2005, Frau Armut grundsätzlich untreu, obwohl ihnen dämmern mußte, daß sie den heiligen Franz hierbei im Stich ließen.

Worte von Franz von Assisi: Sollten einzelne Brüder auf Anreiz des Bösen Feindes tödlich gesündigt haben, dann sollen diese Brüder sich möglichst bald und ohne zu warten an die Provinzialminister wenden, sofern es sich um solche Sünden handelt, für welche unter den Brüdern die Verordnung erlassen ist, daß man sich ausschließlich an die Provinzialminister wenden soll. – Nachdrücklich verbiete ich den Brüdern insgesamt, Verdacht erregende Beziehungen oder Beratungen mit Frauen zu unterhalten und die Klöster der Nonnen zu betreten, jene Brüder ausgenommen, denen vom Apostolischen Stuhle eine besondere Erlaubnis gegeben worden ist. – Und der Kustos soll streng im Gehorsam verpflichtet sein, ihn wie einen Gefangenen bei Tag und Nacht scharf zu bewachen, so daß er seinen Händen nicht entrissen werden kann, bis er ihn in eigener Person den Händen seines Ministers übergibt. – Weil Gott ein Geist ist / so kann er nur durch den Geist gesehen werden. – Die bösen Geister ebenfalls haben ihn nicht gekreuzigt, aber du hast ihn mit ihnen gekreuzigt, und du kreuzigst ihn immer noch, indem du den Lastern und den Sünden frönst. – Gelobt seist Du, Herr, mit allen Deinen Geschöpfen, / besonders dem Herrn Bruder Sonne, / welcher der Tag ist, und durch den Du uns leuchtest. / Und er ist schön und strahlend mit großem Glanze, / von Dir, Höchster, trägt er den Sinn. – Wir sollten aus Liebe zu dem irdischen Licht, das wir nun mit den Mücken gemein haben, nicht vom Schauen des ewigen Lichtes lassen.

Franz von Assisi über sich selbst: Ich dünke mich den größten aller Sünder. – Ich danke, mein Herr und Gott, für all diese meine Qualen und bitte Dich, mir noch hundertmal schlimmere zu schicken, wenn es Dir gefällt. Denn das ist mir das Liebste, wenn Du mich schonungslos heimsuchst. Das Bewußtsein, Deinen Willen zu erfüllen, ist mein übergroßer Trost. – Sodann gab mir der Herr und gibt mir einen so großen Glauben zu den Priestern, die nach der Vorschrift der heiligen Römischen Kirche leben, um ihrer Weihe willen, daß auch, wenn sie mir Verfolgung antäten, ich zu ihnen

Zuflucht nehmen will. – Ihr sollt wissen, daß ich fröhlich sein muß; denn ich soll vor meinem Tode noch so heilig werden, daß man mich durch alle Welt wird anbeten.

Andere über Franz von Assisi: Ich habe Schande von meinem Sohn, darum will ich ihn zum Sohn nicht haben. (*Pietro Bernardone*) – Selbst zu den Würmern entbrannte er in alles übersteigender Liebe / weil er von dem Heiland das Wort gelesen hatte: »Ich bin ein Wurm und kein Mensch.« Und darum sammelte er sie vom Wege auf und barg sie an einer sicheren Stelle, / damit sie nicht von den Vorübergehenden zertreten würden. (*Thomas von Celano, 1228*) – Sanct Franciscus schonete die Laternen und Lampen und Kerzen, denn er wollte mit seiner Hand das Licht nicht verunreinigen. (*Jacobus de Voragine, 1273*) – Da kamen viele andere Vögel hinzu / und ihr Gesang war mancherlei / und reckten ihre Flügel gegen den heiligen Mann und saßen auf seinem Rock und auf seinem Gürtel. Da er ausgepredigt hatte / da gab er ihnen Urlaub / und sie flogen davon. (*Lübecker niederdeutsches Passional 1492*) – Das dankbar freudige Lebensgefühl, mit dem er alle Kräfte und Geschöpfe der sichtbaren Welt als verbrüdert und ihm verwandte Wesen begrüßt und liebt, ist frei von jeder kirchlich gefärbten Symbolik und gehört in seiner zeitlosen Menschlichkeit und Schönheit zu den merkwürdigsten und edelsten Erscheinungen jener ganzen spätmittelalterlichen Welt. (*Hermann Hesse, 1905*) – In einem gewissen Sinne ist Franz von Assisi Humorist und Don Qui-

Franz von Assisi – die Vögel viel fressen, die Predigt vergessen

xote ein Heiliger. (*Egon Friedell, 1936*) – Der Mann von Assisi fühlte sich berufen, ein neuer Narr in der Welt zu sein, und deswegen kann man von ihm nur in närrischer Liebe zeugen, will man ihm nicht untreu werden. Er war ein Troubadour Gottes, und deshalb muß man von ihm singen, wie es die Lerchen taten, die er so sehr liebte. (*Walter Nigg, 1947*) – Heutzutage säße der heilige Franziskus sicherlich im Irrenhaus. Wenn er zu den Bäumen spräche, etwa zum Mandelbaum sagte: »Wie geht es dir, Schwester?« – wir würden ihn einliefern. »Was macht er da? Redet mit einem Mandelbaum: ›Sing mir von Gott‹, und nicht nur das, er hört sogar das Lied, das der Mandelbaum singt. Nicht ganz bei Trost! Er muß in Behandlung!« (*Osho*) – Er ist auch von seinen Zeitgenossen als Fou – als Dorfnarr – verschlissen worden. Und er war wohl auch so, ein göttlicher Fou, wie manche Narren an den Höfen von England. Oder wie die Fous in Indien heute noch, die splitternackt über die Straße laufen dürfen, ohne daß jemand Anstoß daran nimmt, weil sie einfach ›jeck‹ sind – verrückt. (*Karlheinz Stockhausen, 11.7.84*) – Ich entdecke bei ihm keinen schwachen Punkt, der es mir erlauben würde, mich ihm zu nähern und ihn zu verstehen. Seine Vollkommenheit ist kaum zu verzeihen. (*E.M. Cioran, 1986*) – Sein Mangel an theologischer Bildung und eloquenter Predigergabe wurde jedoch mehr als ausgeglichen durch die Strahlkraft seiner ungeschminkten, mitten in der Welt und ihren Kreaturen vollzogenen Christus-Nachfolge. (*Gerhard Wehr*) – Franziskus würde sich in Indien heimatlich fühlen – er, für den Landschaft, Natur so viel bedeutete, würde die indischen Landschaften für sich entdecken. (*Martin Kämpchen, 2002*) – Wer den Vögeln eine Predigt hält, träumt wohl davon, sogar noch diese Kreaturen zum Christentum zu bekehren. Jedenfalls spricht diese Attitüde kaum dafür, daß dieser Prediger ernstlich in der Lage wäre, die Tiere als eigenständige nicht-menschliche Wesen ernst zu nehmen und gelten zu lassen – denn daraus würde die Einsicht folgen, daß sie eines solchen Zuspruchs gewiß nicht bedürfen. Und wer sich nackt in einen Rosenstock wirft, bezeugt damit vor allem einen masochistischen Wunsch nach Selbstbestrafung, weit weniger eine respektvolle Verbundenheit mit seiner natürlichen Umwelt. (*Till Bastian, 2003*)

Der Vater meines Sohnes ist gestorben

Hodscha Nasruddin – Erzschelm, Eseltreiber, Prediger, Querulant, Blasphemiker, Sexmolch (13. Jahrhundert, gestorben eventuell 1284)

Schon als Kind ging Nasruddin, geboren im Dorfflecken Sivrihisar, wenn man ihm sagte »Geh rechts!«, so links wie möglich. Der Schalk, der ihm von Anfang an im Nacken saß, ließ ihn auf die Frage, wer älter sei, er oder sein Bruder, antworten: »Letztes Jahr war er ein Jahr älter als ich. Also müssen wir dieses Jahr gleich alt sein.« Beruflich schlug er sich als Holzfäller durch, Händler, Tagelöhner, Tierzüchter, Kläger, Richter, Angeklagter. Zeitweise litt er als Uhrmacher sehr daran, stets von allen nach der Uhrzeit gefragt zu werden. Oft verarmte oder heiratete er, hielt Nebenfrauen und Sklaven, kam selten auf grüne Zweige, entwickelte Tricks, Bettler zu vergraulen und Gastfreundschaft nicht zu gewähren. Sobald er als Ausrufer Gemüse anpries, übertönte ihn sein Esel. Führte er rituelle Waschungen aus, fiel ihm ein Schuh ins Wasser. Fehlte ihm Wasser für den zweiten Fuß, stand er einbeinig als Storch auf dem Gebetsteppich. Ständig kletterte er über allerlei Mauern, zwecks Notdurftverrichtung oder Mundraub. Gefragt, was er da esse, erwiderte er, dem ein Wind ständig die krümelnde Mahlzeit fortblies: »Wenn das so weitergeht: gar nichts.« Einem Esel, dessen Gepäck er anzündete, rief er nach: »He du, falls du ein wenig Verstand hast, wirf dich ins Wasser!« König Xerxes peitschte das Meer; Nasruddin goß Süßwasser ins Meer, um ihm zu zeigen, wie es zu schmecken habe. Genau, als Nasruddin sich nach Suppe sehnte, klopfte an seiner Tür ein Bettelkind mit leerer Suppenschüssel, und schon schwang sich doppelte Negation ins Reich abstrakter Verneinungsmetaphysik von der Null indischer Mathematik bis zu Schunyata (Leere), Mu (Nichts), Nichtsein (Hamlet) bis Nirwana (Nicht-Wind). Hungrigen Gästen zeigte Nasruddin leere Näpfe, in denen er ihnen beinah etwas serviert hätte. Wurde ihm ein salziger Käse gestohlen, wartete er schlau am Brunnen auf den durstgeplagten Dieb. War er schlauer, als er sich gab, oder dümmer, als er zu sein schien? Er agierte und funktionierte immer so unlogisch und scheinlogisch wie möglich in Richtung Quereinstieg und Überlogik, und über Stein, Stock, Rübe und Kraut zurück zur Unlogik.

Ein Nachbar, der einen Esel leihen kam und dem Nasruddin beteuerte, der sei bereits verliehen, während aus dem Stall ein I-Aaah tönte, bekam gesagt: »Also wem glaubst du nun? Mir oder einem Esel?« Und vice versa: Nasruddin, der für wohltätige Zwecke hausieren ging und vom Hausdiener eines Geldbonzen gesagt bekam, der Herr sei ausgegangen, gab den Tip: »Sag ihm, daß er sein Gesicht nicht am Fenster vergessen soll – nicht, daß es ihm geklaut wird!« Bettler, die ihn runterriefen, rief er hoch, um ihnen oben mitzuteilen, daß er nichts für sie hätte. Sobald man umgekehrt ihn veräppelte, wurde der Monopolist des Foppens ungemütlich. Einerseits prahlte er, im Dunkeln sehn zu können, andererseits lief er nachts mit Kerze herum – warum? Damit die Leute ihn nicht umrannten. Nasruddin fand den Mond nützlicher als die Sonne – und warum? »Weil wir in der Nacht das Licht nötiger brauchen.« Schlüssel suchte er statt im Haus, wo er sie verlor, außer Haus. Weil's da heller war! Auf die dumme Frage, was mit ausgedienten Monden geschehe, sagte Nasruddin: »Sie zerschneiden jeden alten Mond und machen vierzig Sterne draus.«

Als er zum ersten Mal nach Akşehir kam, seinem späteren Wohnsitz, und vom Minarett den Gebetsrufer singen hörte, glaubte er, der rufe dort oben um Hilfe – frühe Indizien für Nasruddins agnostische Eskapaden? Die große Moschee von Bursa beschimpfte er, weil er tagelang umsonst in ihr gebetet hatte – ein beiläufiges Kurzgebet in winziger Nachbarmoschee half sofort. Als er so tat, als wüßte er nicht, was ein Minarett sei, erklärte ihm ein anderer Spaßvogel: »Das ist der Pimmel unserer Stadt!« Nasruddin: »Gibt's denn einen Hintern, in den der reinpaßt?« Oder auch: »Na, hoffentlich haben eure Frauen entsprechend große Schöße!« Sein Vorgänger Dschuha hatte an dieser Stelle gesagt: »Entweder ist das ein Brunnen, nach oben gestülpt, oder es ist der Ständer der Erde.« Schon bei Fariduddin 'Attar von Nischapur bekam ein Bauerntölpel, der erstmals ein Minarett sah, weisgemacht, daß das ein Baum sei. Als er Kichererbsen an Straßenkinder verteilte, gab er nicht wie ein Mensch, sondern auf Wunsch wie Allah, nämlich einigen Kindern zu viel Erbsen, anderen viel zu wenig, um sich dann direkt an Allah zu wenden: »Du siehst, daß selbst diese Jungs Deine Art zu geben nicht mögen.« Seine Gotteskritik zeigte trotz Scherz-Einkleidung Hiob-Format; eine Ameise wuchs ihrem Schöpfer moralisch über den Kopf.

Zwischendurch erschien er auch mal ohne Kleider auf dem Friedhof oder nackt auf pikierten Gesellschaften, denen er erklärte: »Vor lauter Sehnsucht nach euch vergaß ich, mich anzuziehn.« Verwaisten Küken band er Trauerflor um. Melonen hielt er für schwanger, Stierhoden für das blinde Junge eines Ochsen, Auberginen für Stierhoden. Als Babysitter pflegte er

Babys, die ihn aus Versehn anpißten, im Gegenzug absichtlich vollzukacken; Grund: er ließe sich nicht auf der Nase rumtanzen. Ein geborgter Kessel, den Nasruddin mit einem Schüsselchen als Zugabe zurückgab, hatte also ein Kind gekriegt, was der Nachbar sich gefallen ließ, der aber später, als er den Kessel nochmal verlieh, umsonst auf Rückgabe wartete, anmahnte und gesagt bekam, der Kessel sei leider tot. »Seit wann können Kessel sterben?« »Wenn du glaubst, daß er kalbt, wieso zweifelst du, wenn er stirbt?« Statt sich beim Verursacher zu revanchieren, der ihn beim Gottesdienst a tergo unsittlich anfaßte, fuhr er dem Vorbeter vor ihm a tergo zwischen die Beine, der ihn anfuhr, was das solle. »Frag nicht mich, ich hab nicht damit angefangen. Frag den Mann hinter mir!« Aus Radiuserweiterung sah tiefere Bedeutung hervor. Stundenlang murmelte er »Ich werde mich an euch beiden vergnügen« vor sich hin, womit er junge Gäste verschreckte, die Schiß hatten, er wolle sie vernaschen; dabei hatte er bloß entdeckt, daß seine Frau untenrum zwei Löcher besaß statt eins, und wollte nicht vergessen, das abends genauer zu genießen; entweder brüllte hier Vulgär-Machotum, oder es lebte und webte pansexuelle Omniphagie, Verschmelzungslust, die keinen Teil der Schöpfung diskreditierte. Selbst seinem Bruder machte er einschlägige Avancen. Sobald Nasruddin pissen ging, kam er stundenlang vom Abtritt nicht zurück, weil dort ein Abflußrohr plätscherte und er also nicht ausgepinkelt zu haben wähnte – Obertölpelei oder ozeanische Entgrenzung in All-Sympathie? Türkisches Tat twam asi? Fürze, die in den Tausendundeinen Nächten öfter ertönen als in Grimms u.a. Märchen und die Nasruddin sogar beim Koitus nicht unter den fliegenden Teppich kehrte, so tabulos wie möglich, erläuterte er: »Die Lust, die mir das bereitet, was du für mich geöffnet hast, hat an mir auch was geöffnet.« Kaum entblößte Nasruddin sich zwecks Kotablegung untenrum, pißte neben ihm eine Eselin, so daß er Passanten beteuern mußte, daß er mit diesem Tier nichts habe. Schildkröten mißbrauchte er als Esel. Kamele, die ihn aus Versehen anrempelten, oder Esel, die sich einklemmten, wurden von ihm ordentlich hergenommen und vernascht; die ihn in flagranti erwischten, bekamen erklärt, er hieve das Tier per Hebel (!) aus der Grube und verlange hierfür Lohn für die Rettung des Esels. Leute, die vor ihm, derweil er Esel sodomierte, vor ihm ausspien, motzte er an: »Wenn ich nicht grad was zu tun hätte, würd ich dich lehren, hier nicht hinzuspucken!« Andere Leute wurden für ihre Flüche, Obszönitäten, Blasphemien verfolgt; er aber durfte sich alles erlauben, erlaubte sich sogar tausendundeinmal mehr als

Salman Rushdie, schamfreier als der öffentlich onanierende Diogenes von Sinope. Nach dem Koitus, egal ob mit Ehefrau, Eselin, Esel oder oller Vettel, legte er sich sehr diogenesoid mitten auf den Weg und ließ von der Sonne sein Schamglied trocknen. In Gomorra und Sodom ging's vergleichsweise manierlich zu; bei Nasruddin drückte Allah x-mal mehr Augen zu als Jahwe bei Onan. Dafür, daß Nasruddin als Tagesmutter ein Baby einlullte, indem er ihm seinen mit Joghurt geschmierten Dödel zu nuckeln gab, wär er nicht erst heutzutage gesteinigt worden, sondern doch wohl auch vor Ort.

Wutanfälle seiner Frau (Name nicht überliefert) nannte er »die kleine Unruhe«, seine eigenen »die große Unruhe«. Regelmäßig redete er sie an mit: »Du, mit der ich gevögelt habe«, und sein Söhnchen: »Du, mit dessen Mutter ich gevögelt habe«, oder auch mit »Hurensohn«. Sie stand ihm in nichts nach: Wenn er sich im Ehevollzug einen Kiosk im Himmel gebaut hatte, verlangte sie von ihm, daß er ihr nun auch einen Kiosk im Himmel baue (das läßt xanthippischen Ehealltag auf dem fehlenden Niveau von Ephraim Kishons »bester Ehefrau der Welt« hinter sich, auf emanzipierten Plateau-Höhen). Seiner Schwiegermutter warf er vor, daß sie eine Tochter wie seine Frau geboren habe. Als er dieser mal erzählte, daß er soeben gestorben sei, heulte sie sofort entsprechend los und tratschte das Malheur weiter. Als sie beim Waschen vom Fluß mitgerissen wurde, suchte er sie stromaufwärts, Grund: sie war immer schon sehr eigensinnig gewesen. Die ganze Nasruddinsippe ergötzte sich an Nasruddinitis. Ganz Arabien hörte nicht auf, sich mit Schleiern zuzuhängen; Nasruddins Frau hingegen, im Gegensatz zu manch einer westlichen Emanze, guckte sich auch mal ihre eigene Vulva im Spiegel an. Sie gebar ihrem Gatten, der hierbei die Kerze hielt, Drillinge. Seine beiden Töchter, deren »vorzügliche Muschi« er lobte, heirateten später einen Bauern und einen Ziegler. Als seine Frau starb, trauerte er sehr, wenn auch nicht ganz so sehr wie kurz danach über den Tod seines Esels. Er stellte sich auch gern selber mal tot – um nebenbei Halwa zu mampfen. Ein Söhnchen erinnerte sich an die Geburt seines eigenen Vaters, was der für ein gutes Zeichen hielt – ein helles Köpfchen!

Mitbürgern wurde es irgendwann zuviel. Man legte ihm nahe, auszuwandern; er aber plädierte dafür, das ganze Dorf solle auswandern; für viele sei ein Neuanfang leichter als für einen einzelnen alten Mann.

Einen Neger, dessen »ungläubige Fratze« in Mekka Abscheu auslöste, verteidigte er, der trüge seine schwarze Seele wenigstens, im Gegensatz zu Muselmännern, sichtbar nach außen. Tintenflecke gab er für den Schweiß seines äthiopischen Schülers Hammad aus. Selbst seine Fremdenfeindlichkeit verlief nicht ganz nach Schema F. Kurden warf er Unfähigkeit vor, je türkische Fürze zu verstehn. In dichterischer Freiheit erfand er das Tierkreiszeichen des Ziegenbocks. Esel, auf denen er verkehrt herum saß, hielt er für linkshändig. Andererseits hatte er auch normale Seiten: Daß er gern rittlings auf seinem Esel saß, nach Narrenart, wie Amlethus (*Hamlet*), geschah nicht nur zwecks Humors, sondern ganz pragmatisch, nämlich um seinen Schülern, die im Gänsemarsch hinter ihm herritten, nicht unhöflich den Rücken zuzukehren. Nur auf die Idee, seinen Turban um die Füße zu wickeln, kam er nicht. Aber hintersinnige Identitätsprobleme pflegte er: Kaum scherte man ihm nachts aus Jux den Bart, hielt er sich nächstentags für einen Mönchsnovizen statt für sich. Als er einen Sack Kürbisse trug und von einem Mann überholt wurde, der einen Sack Kürbisse trug, kam er in existenzielles Schleudern und glaubte sich selbst überholt zu haben. Im Stadtgetümmel packte ihn Angst, sich verloren zu gehn. Beim Einschlafen plagte seine Spaltpersönlichkeit ihn mit der Frage, wie er sich beim Aufwachen wiederfinden könne – Probleme, die auch Franz Kafka plagten und die Normalos am Gesäß vorbeigehn. Geld, das Nasruddin versteckte, räumte er bald wieder um, aus Angst, von sich selbst beklaut zu werden – infantiles Zwangswitzeln oder solipsistisches Depersonalisationssyndrom? Nasruddin: »Hast du mich schon mal gesehn?« Ladenbesitzer: »Nö.« Nasruddin: »Wie kannst du dann wissen, daß ich es wirklich bin?« Platonische Erkenntnistheorie? Dem zerstreuten Professor, der seine Brille überall sucht, nur auf der Nase nicht, präludierte jener Nasruddin, der sein Söhnchen allerorten suchte, außer auf seinen Schultern, und seinen Esel überall, außer zwischen seinen Beinen, und als er dann, bäuerlich dumpf oder mystisch abwesend, doch noch merkte, daß er auf seinem Esel saß, suchte er, statt heimzureiten, per Esel weiter seinen Esel – Grund: »Hab so ein Gefühl, daß er trotzdem hinter dem Hügel da sein könnte.« Ein sowohl aberwitziges wie völlig richtiges Gefühl, angesichts schizophrenen Ungenügens an spiritueller Abspeisung durch allzu großformatiges Gefundenhaben.

Bei Krankheit oder im Alter ließen seine unflätigen Albereien nicht nach. Selbst von den Engeln Munkar und Nakir, die nach seinem – zum Glück bloß geträumten – Tod antraten, zwecks Befragung, verlangte er rotzfrech Bezahlung für seine Antworten, gleichwie er umgekehrt beim Barbier zunehmend um Nachlaß bat, da er auf den Schluß zu ziemlich kahlhäuptig wurde. Außerdem wurde er mindestens achtzig.

Nach seinem Tod ging's erst richtig los. Ein Kometenschweif aus oft erweitertem Arbeitsspeicher – aus Echos, postumen Zusätzen, apokryphem Hinterherhinkeln, freier und unfreier Nachdichtung – folgte der Erdenspur seines Esels. Der Zeitraum, aus dem er stammte, knackte er postum auf: Jahrhunderte arbeiteten an seinem Anekdoten-Pool; daher das schwankende Qualitätsgefälle seiner Taten, Leiden und Äußerungen. Je nachdem, ob Grobiane, Schlaufüchse oder Schöngeister am kollektiven Witzteppich mitwebten, oder Flachwixer, vertieften oder verplumpten Nasruddins Kapriolen. Raffinesse verflachte; Verwässertes vertiefte sich. Palaverten Dickhäuter mit, soffen Parabeln in sadistischem Slapstick ab. Je öfter zu später Stunde Arschlöcher mitschwadronierten, desto schamloser hatte Fäkalkalauerreißer Nasruddin die Beutelhose fallenzulassen. Kaum grölten Aggressivlinge mit, mußte Nasruddin fahrlässig töten und einen Richter – einer Pointe oder Special effects zuliebe – mit Holzhammer auf die Stirn schlagen, weil der ihm erlaubt hatte, auf Fliegen zu zielen. Nasruddin eierte zwischen simpler Pannen-Show und den Zynismus-Höhen anspruchsvoller Late-Night-Show. Harte Schnitte hagelten zwischen Dalberei und Hintersinn, Widersinn und Tiefsinn. Flederwischs Wischiwaschi schlug immer öfter und seltener in spirituelle Derwischweisheitsschwängerung um. Jeder, der Nasruddins Witze riß, nachplapperte, kreierte, war momentweise selber, wenn auch inkognito, Nasruddin. Wer ihn nicht unterbot, überbot ihn zu dessen Gunsten. Historisches Ausgangsmodell und weiterschreitender Nimbus wanderten postum auseinander. Ein Riesenteam anonym blödelnder Ghostwriter und Gagschreiber hinter den Kulissen leitete respektlose Ergüsse ins Durchgangsbecken des Hodscha, und durchs Nadelöhr Nasruddin. Eine schließlich millionenköpfige nasruddinische Fangemeinde und Fungesellschaft, rollte jederzeit feixend und wiehernd über finstere Imame, Ajatollahs und seriöse Peter Scholl-Latour-Stahlhelme hinweg. Konträrformatige Urhebervisagen steckten unangreifbar hinterm vorgeschobenen Decknamen, der seinem straffreien Träger immer erektiler über den immer imposanter anschwellenden Gigantturban wuchs, kürbisartig bombastisch, als Expansiv-Dschinn aus kaum mitwachsender Wunderlampe. Internen Niveauschwankungen und zeit- und phänotypischen Wandlungen zum Trotz gelang es Nasruddin, pro Generation aufs neue dauerhaft mit sich selber ungefähr identisch zu sein und zu bleiben. Im Mittelalter furchtlos maulfertiger Untertan im Schurkenstaat Timurs, im 20. Jahrhundert zwischen Gasleitungen, Parteikomitees, Reißverschlüssen und Kassettenrecordern weiterhin fleißig zugange. Ahasverus und Khadir (*Chidr*) litten an perpetuierlichem Zwangswandern aufs buddhistischste; Arabiens lachende Seele wurde zahnloser Kicheritis nicht müd. Der Schwanz, mit dem der orientalische Hund wedelte, hörte nicht auf, das Kainsmal des Jokers Nasruddin zu tragen, das zunehmend mit dem Hund wedelte. Sein Monopol schob die Konkurrenz bunter Lokalnarren ins Abseits, den arabisch-persischen Buhlul, den turkmenischen Kemine, den usbekischen Navoi, den krimtatarischen Ahmet Akaj, den kirgisischen Aldarkösö. Ihn den »anatolischen Eulenspiegel« zu nennen, tut ihm unrecht; Till Eulenspiegel wirkt neben ihm arg grobgeschnitzt, unberedt, unsubtil und leider auch asexuell. Eine seiner Grabstätten, die in Akşehir, rundum so unumzäunt wie frei zugänglich, wird bis heute punktuell von einem Eisentor versperrt, gesichert von einem übermäßig überdimensionierten Vorhängeschloß.

Worte des Hodscha Nasruddin: Ihr Muselmänner! Dankt Allah, daß er dem Kamel keine Flügel verlieh! Sonst würde es hochfliegen, auf eurem Schornstein Platz nehmen und alles zum Einsturz bringen! Und dankt Allah, daß er euer Arschloch nicht an der Stirn angebracht hat! Sonst würdet ihr täglich eure Nase einkoten! – Hör immer gut zu, wenn weise und gelehrte Männer sprechen. Und wenn du selbst sprichst, dann laß dir ebenfalls nicht entgehn, was du sprichst. – Leg dich niemals schlafen, bevor du nicht das Halwa, das man tagsüber zubereitet hat, vollständig aufgegessen hast. – Wenn alle Menschen auf der Erde sich an demselben Platz versammelten, dann würde die Seite, auf der sie sich befinden, so schwer werden, daß sie umkippen würde, und die Menschen täten runterfallen. – Wie merkwürdig, daß Allah die Melonen an so winzigen Pflanzen wachsen läßt! Und die kleinen Walnüsse hängt er an einen so

Eselhafte Narrenfreiheit in Gottes Zwangsjacke

mächtigen Baum! – Wenn du, sobald man dich am Ohr zupft, den Thronvers zitierst – was wirst du erst zitieren, wenn man dich am Eierbeutel packt? – Unglaublich, hab ich tatsächlich diese abgehalfterte Kreatur vernascht?

Nasruddin über sich selbst: Ich bin so froh, daß ich nicht auf dem Esel saß, als er verloren ging. Sonst wär ich womöglich auch verloren gegangen. – Ich hab mal ein Gericht aus Brot und Schnee erfunden. Aber nicht mal mir selbst hat es geschmeckt. – Nicht mal meine Gedanken gehören mir. Ich brauch bloß an Suppe zu denken, schon riechen es meine Nachbarn. – Wenn ich wüßte, was 2 x 2 ist, so würd ich sagen ... 4. – Wie kommt es, daß alle diese Bäume Früchte tragen, nur ich nicht? Pflanzt mich ein, dann trag ich sicher auch Früchte. – Wenn ich dieses Leben überlebe, ohne zu sterben, sollte mich das überraschen. – Trauert über mich mit den Worten: »Er konnte vom Pimpern nie genug bekommen!«

Antworten des Nasruddin: Warum ißt du mit beiden Händen, Mulla? »Weil ich keine drei habe.« – Schadet's denn nicht, soviel Reis auf einmal zu essen? »Was einem nicht schaden kann, das kann einem auch keine Freude machen.« – Was machst du so spät noch draußen, Mulla? »Mein Schlaf ist verschwunden, ich geh ihn suchen.« – Bis wann müssen Menschen sterben und geboren werden? »Bis Himmel und Hölle voll sind.« – Hodscha, warum beantwortest du jede Frage mit einer Gegenfrage? »Tu ich das wirklich?« – Guck mal deinen grauen Bart an. Bist du nicht zu alt für solch unreife Scherze? »Frißt ein weißer Hund weniger Scheiße als ein anderer?« – Hodscha, was ist passiert? Warum trägst du Trauerkleidung? »Der Vater meines Sohnes ist gestorben!«

Andere über Nasruddin: Er ist bekannt von Istanbul bis Aden, von Marrakesch bis Peking, von Samarkand bis Wanne-Eickel, geliebt und geschätzt bei den judäospanischen Exilgemeinden auf dem Balkan wie bei den zentralasiatischen Uiguren, bei ausgewanderten Armeniern in den Vereinigten Staaten wie in oberägyptischen Gemeinden, in den Dörfern Siziliens wie in den Hochhaussiedlungen der Teheraner Vorstädte, bei den in ganz Deutschland verstreut lebenden türkischen Arbeitnehmern wie bei der seit Mitte des 19. Jahrhunderts stetig wachsenden nicht-islamischen Fan-Gemeinde. (*Ulrich Marzolph, 1996*) – Eine sehr zeitgemäße Reinkarnation des Mulla Nasruddin, der im Anzug auftritt, das wichtigste Medium unserer Tage erobert hat und zu den Topp-Werbeträgern Deutschlands gehört, ist Harald Schmidt. (*Michael Günther, 2005*)

Ganz Tibet und China erröten heut noch

Drugpa Künleg – Wanderheiliger, Tantra-Scherzbold, Sexmolch, Zauberbuddha, Kulturheros (1455–1570)

Aufgerüttelt durch den Mord an seinem Vater, streifte er Familie und Welt ab wie Kot vom Fuß und wurde Novize und Mönch, drang ein in die Mysterien der Übertragungslinien, bestand vier Einweihungen und Kraftübertragungen. 1500 beherrschte Drugpa Künleg (Abkürzung von Künga + Legpa) (vollkommen guter Drache) aus Ralung x-weltliche und x-überirdische Wissenschaften. Nur seine Mutter, die ihm das Niveau nicht anmerkte, behandelte ihn weiterhin als Zögling. Sie trug ihm auf, eine Schwiegertochter zu finden, auch als Haushaltshilfe, da schleppte er vom Markt eine hundertjährige Zahnlose herbei, angesichts derer die Mutter rief, da würde lieber sie selber die Pflichten einer Schwiegertochter übernehmen. Der Sohn trug die Uralte wieder fort, kam zurück und schlüpfte zur Mutter ins Bett, berief sich auf ihre Zusage, Tochterpflichten zu übernehmen; sie verwies ihn des Bettes; er aber blieb drin und überredete sie zum Beischlaf, bis sie sich halt bereiterklärte; da sprang er hinweg und verkündete auf dem Markt: »Hört ihr Leute! Jeder kann, wenn er will, seine eigene Mutter verführen!« Alsdann machte Drugpa Künga Legpa (Kun dga' legs pa) sich auf, als Näldschorpa Bhutan zu durchwandern. In Lhasa traf er Bauern, Nomaden, Händler, Pilger, Lamas, Newaris, Ladakhis, Näldschorpas, Inder, Hochlandtibeter, Chinesen, Mongolen, Leute aus Khams, Dakpo, Kongpo und Tsang. Seine jeweilige Herberge betrachtete er als sein Zuhause. Bekam er Schmuck geschenkt, legte er ihn dem Schenker zuliebe einen Augenblick lang an und gab ihn dann zurück, wohl, weil das »für immer« sowieso nur einen Augenblick lang währte. Den Glauben seiner Glaubensbrüder, daß er, wenn er bei einer Zeremonie einschlafe, als Tier reinkarnieren müsse, teilte er sehr. Er sei auch in der Hölle gewesen, behauptete er, bzw. auf dem Weg dorthin, aber der Weg sei verstopft gewesen von Mönchen des ehrwürdigen Klosters Sera, gegründet 1417 von Kädrub Dsche. Sobald er Tonsur-Mönche »faule Glatzköpfe« nannte, fiel ihm auf, daß er für die vielen vorgeschriebenen Verbeugungen seinerseits viel zu faul sei. Er betete zu Buddha, der möge die Gedankenlyrik aller Lebewesen auflösen. Seine Gebete und Lieder klangen wie Gebete, aber selbst noch der dumpfeste Zuhörer und Mitbeter merkte bald, daß da unübliche Passagen mitliefen, plötzlich mitten im Psalm Schamhügel an baumelnden, schlenkernden Eiern gerieben wurden und Gliedköpfe sich aus den Versen erhoben; dann grinsten, meckerten oder wetterten manche: »Das sind aber komische Gebete!?« Mönche drohten Prügel an; Mädchen kicherten. Seine Darmwinde, statt sie wie alle Menschen sich zu verkneifen, wedelte er absichtlich an Mönchsnasen vorbei, um zu prüfen, wie weit sie als gute Buddhisten über den Dingen stünden. Die religiöse Potenz einer Frau, d.h. ihre schlummernde Fähigkeit, eine Dakini zu werden und zu sein, las er am Hinterbackenumfang ab. Nächtliches Babygeschrei signalisiere, seiner Deutung zufolge, das eindringende Vaterglied in die Mutter. Die minderjährige Nonne Tsewang Pälzom, der er sofort zurief, er müsse sie nehmen und die erklärte, sie wisse nicht, wie das ginge, vernaschte er gleich dreimal hintereinander im Straßengraben. Sein Privileg als verrückter Heiliger, also als sakraler Casanova und Vagabund, erlaubte ihm, straflos Nonnen beizuliegen. Unkeusche Nonnen, von anderen Leuten als ihm geschwängert, gaben ihre Babys als welche von ihm aus. Er warf sich nicht nur nieder vor dem ungeborenen, unsterblichen Buddhakörper der Letzten Wirklichkeit; er warf sich auch nieder vor den Vulven oller Vetteln, die nicht dran denken, sterben zu müssen. Greisinnen, die von seiner Heiligkeit was abkriegen wollten, drangen auf körperliche Vereinigung und begnügten sich, sobald er keine Versteifung bekam, mit geistiger Vereinigung durch gemeinsames Sprüchemurmeln. Einem stummen trotteligen Gastgeber, der Feuerholz holte, nahm er derweil die dralle Ehefrau weg, deren enge Scheide er besang, bevor er sie weitete. Gastgebende Eltern boten ihm stets sofort

Drugpa Künleg: »Ob Sommer oder Winter – die Gedärme haben die gleiche Länge.«

ihre Tochter an. Einem Baby, das er retten und segnen sollte, rief er zu: »Wenn du nicht sofort meinen Schwanz lutschst, heiß ich nicht mehr Drugpa Künleg!« Sein sinntriefendes Credo, daß er alle Daseinsformen bereits durchlaufen habe, lautete fast wörtlich wie die entsprechenden Worte bei Empedokles, Merlin und Rumi, sehr im Gegensatz zu Dr. Rudolf Steiner und Aleister Crowley, die bei ihren Inkarnationen stets nur prominente Gestalten der Weltgeschichte gewesen sind. Wenn er aber nicht nur seine Liebe zum Dschang, gärendem Reis- und Getreidebier, so erklärte, er müsse mal Biene gewesen sein, und seine Faulheit aus früherer Schweinexistenz, seinen Manierenmangel aus früherer Affenexistenz ableitete, und von fehlendem Schamgefühl auf früheren Verrücktenstatus schloß, sondern vor allem, wenn er seinen engen Schließmuskel darauf zurückführte, daß er mal Nonne gewesen sein müsse, dann klang die karmische Weisheit eher wie Spott auf karmische Weisheit. Zugleich zeigte er sich im Gesang glücklich, weder Normal-Lama noch Mönch noch Schwarzmagier noch Schamane noch Ehegatte zu sein. Aber bei Dämonenbehandlungsprozessionen ging er schwarzbemützt, das Gesicht schwarzgestrichen mit Kräutersud, ausgestattet mit Phurba (Ritualdolch), Schädeldecke für Dämonenblut, Hüftknochentrompete, so als wär er doch Schamane. Er träumte öfters von Düsöl Lhamo, der Rauchgöttin. Ochsen- und Ziegenfleisch aß er – als Buddhist – nur dann, wenn er dem zerkauten Tier sofort danach das Leben wiedergeben konnte, und das konnte er, folglich blieb oder wurde er postum Magier, mit immerhin buddhistischer Motivation. Bei Pälnashog traf er den Tattergreis Sumdar, der trug ein Rollbild zur Weihung, leider noch ohne Goldrand, und zeigte das unfertige Bild dem Drungpa, der aber nur quer drüberpinkelte, zum Entsetzen des alten Mannes, doch später zeigte sich: das Bild war nicht verdorben, sondern hatte vom Lama-Urin den Goldrand erhalten; leider klang die zweite Hälfte der Geschichte nach Märchen und die erste nach Wahrheitskern. Die Leiche von Witwen prügelte er rhythmisch, bis die gestorbene Witwe den Schlamm des Samsara hinter sich ließ. Lokalkönige versuchten ihn zu vergiften und mit Pfeilen zu treffen; er aber erwies sich als immun und resistent. Daß er einen Speer verknotete, sprach sich sehr herum. Für seinen verknoteten Speer wurde er berühmter als für spirituell gewichtigere Dinge. Selber ein Lama, rief er: »Lama, bleibe mir weiterhin sichtbar!« Im Alter von hundertundfünfzehn Jahren – und der Beschlafung von fünftausend Frauen – kam er zur Erkenntnis, daß er genug Erdgeister gezähmt, Ziellosen den Weg gezeigt, Verblendete belehrt, Wüsten bewässert, kinderlosen Frauen Söhne geschenkt hatte, und legte sich eine tödliche Krankheit zu.

Vordatierte Nachfügsel und lüsterne bzw. heilige Übertreibungen schlichen sich in seine bunte, spritzige Vita. Seine Mutter wurde hundertdreißig Jahre alt, obwohl sie vielleicht nicht mal neunundachtzig wurde. Bereits mit drei beschämte das Kind – fließend lesend – sämtliche Schriftgelehrte, und als Jüngling beherrschte er die Märchenkunst, exakte Prognosen auszuspenden und verschiedene Gestalt anzunehmen. Dämonen – via Religion eigentlich besiegt – kamen ständig wieder vollzählig zurück, genau wie damals bei Milarepa, Antonius von Ägypten und allen anderen. Einem Dämon aus Wodö, der sich nachts übermächtig an ihn heranmachte, führte er seinen stahlhart strotzenden Pimmel vor und rammte diesen »flammenden Donnerkeil der Weisheit« dem Angreifer ins Maul, so daß der acht Zähne verlor und zahnlos zum Buddhismus übertrat. Auch wenn Schlangendämonen sich in menschenfressende Vulven verwandelten – überall setzte der Lama als Generalschlüssel und Zauberwaffe jenen weisen Donnerkeil ein. Eine Dämonin, die Menschen aß und sich in deren Haut kleidete, wickelte er in seine Vorhaut. Als er mal tausend Feuergeister auf einmal sah, gehüllt in den Geruch verbrannten Fleischs, betonte er in einem Lied, daß es ihm nicht wichtig sei, diese Geister zu vernichten. Briefwechsel mit dem Todesgott Yama wurde überliefert. Ochsen und Ziegen, die er – und das als Buddhist! – abnagte, ließ er sofort danach in wiederbelebter Gestalt weiterlaufen und Hänge abweiden, also formal als Magier, aber mit buddhistischer Motivation. Die Warnung vor zwei Hunden, einer weißen und einer schwarzen Dogge, schlug er in den Wind, um beide Hunde zu zweiteilen und sie nahtlos überkreuz neu zusammenzufügen, einer vorn weiß und hinten schwarz und vice versa, was er bei Lebzeit auch gern gekonnt hätte, postum aber auf jeden Fall nachweislich problemlos hinbekam, zum staunenden Aufschrei aller, die das 1.) glaubten, und 2.) dabei gewesen.

Das 20. Jahrhundert sah Drungpa Künleg als Spiegelbild der lamaistischen Mönchsdiktatur, verglich ihn als Tabubrecher und Konventionenkritiker, Orthodoxiebekämpfer mit Rabelais. Der nunmehr sogenannte Sacred Clown interpretierte seine promiskuitive als initiatorische Aktivität und die Dämonen als latente Symbole ökologischen Ungleichgewichts zwischen Erde und Wasser. Man feierte ihn als Vorläufer sexueller Befreier.

Worte von Drugpa Künleg: Auch wenn der Grund des Ozeans tief ist, müssen sich selbst die Fische im Schwimmen üben. – Der Markt ist voll von Mädchen, trotzdem gibt es kaum eine begehrenswerte Möse. Die Lehre hat sich im ganzen Land verbreitet, trotzdem sind Buddhas Weisheit und Erkenntnis selten. – Kalter Tee und saurer Dschang befriedigen die ungebetenen Geister. Ungekochter, ungesalzner Rettich befriedigt Weberinnen, die nicht arbeiten können. Ein Krug, mit Lackschicht überzogen, befriedigt den Töpfer, der undichte Krüge dreht. Rotz, Spucke und Schleim befriedigen den, der Spucknäpfe herstellt. – Für jeden Becher Dschang muß man pinkeln gehn; hält man's zurück, tropft's auf die Türschwelle; verkneift man sich's, fängt die Nase zu laufen an; man ist voll bis zum Rand, hustet und spuckt, bis der Spucknapf voll ist. – Stibitz was aus der Gemeinschaftsküche, und du inkarnierst in der Hölle! – Mutters lange Fingernägel bringen Unbill über Vaters Eier – schneidet ihr die Nägel ab. – Das dicke Schamglied des Lama gereicht zur Qual der Nonnen – entgeht ihm, indem ihr die Nachbarn aufweckt! – Auch wenn die Klitoris eine dreieckige Form besitzt, eignet sie sich nicht, als Dämonenfraß den Lokalgottheiten geopfert zu werden. Auch wenn der Liebessaft nicht in der Sonne trocknet, ist er ungeeignet, als Teewasser den Durst zu stillen. Auch wenn der Hodenbeutel tief runterhängt, eignet er sich nicht als Proviantsack für die Einsiedelei.

Drugpa Künleg über sich selbst: Ich bin der, für den ihr mich haltet. Für mich macht das keinen Unterschied. – Ich werf mich nieder vor diesen 13 Rädern, die in den 13 Welten ihresgleichen suchen; ich werf mich nieder vor diesem Hintern des Mädchens aus Gyantse, den man bei der Darstellung der Befreierin außer acht läßt. – Du liebst die Religion und ich die Möse. Mögen wir beide glücklich sein. – Ich such ein 15jähriges Mädchen. Sie hat eine zarte Haut, weiches, seidiges, warmes Fleisch, eine enge, fuchsige und anschmiegsame Möse und ein rundes lachendes Gesicht; sie ist schön anzuschaun, duftet süß und zeichnet sich durch scharfen Verstand aus.

Andere über Drugpa Künleg: Dieser Verrückte behauptet, er komme hierher zum Wohle aller Lebewesen, und dann fragt er nur nach Dschang und Frauen. – Sicher ist er einer von den frommen Männern, die eher Mädchen als Dämonen ans Rad der Lehre binden. (*Zeitgenössische Einwohner von Lhasa*) – Er ist weder ein Verrückter noch ein Schwätzer. (*Gampo Tridzin Dschänga Rimpoche*) – Seine Lebensart, sein Humor, seine Erdhaftigkeit, sein Mitgefühl sowie seine Art und Weise, mit den Menschen umzugehen, haben ihm einen Platz in den Herzen aller Völker des Himalaya erobert – der Sikkimesen, der Assamesen, der Ladhakis, der Nepalis, der Kunnupas und der Lahaulis. (*Dugu Chögyal Gyatso* (Tulku), Vollmond des 2. Monats im Erde-Schaf-Jahr) – Was seine therapeutische Kunst auszeichnet, ist die natürliche Sprache und das ungezwungene Handeln, die die Erkenntnis einer echten existenziellen Wirklichkeit fördern. (*Keith Dowman, 1980*) – Die Existenz eines Drukpa Künley war also offenbar seinen tibetischen Landsleuten peinlich. Trotzdem hatten und haben sie auch heut noch größten Respekt vor diesem exzentrischen Adepten, wohl, weil sie seine spirituelle Authentizität spüren. (*Georg Feuerstein, 1990*)

Ein Tropfen Humor im Christentum

*Filippo Neri (»Pippo buono«), der Apostel Roms –
Ekstatiker, Seelenführer, Büßer, Beichtvater, Spaßmacher (1515–1595)*

Sohn eines alchimistisch tätigen Notars aus Florenz; erzogen von Dominikanern des Klosters San Marco, die ihm Savonarolas Rückwendung zum Urchristentum einimpften. Als Jüngling – und kaufmännischer Gehilfe – lebte er kärglich von Oliven, Brot und Wasser und spannte quer durchs Kämmerlein seine Wäscheleine. Um Arme zu speisen, veräußerte er seine Bücher. Beim ersten Anblick des offenen Meeres überflutete ihn Gottes Unermeßlichkeit. Erbe und Amt schlug der kleine Pippo aus, war dann sechzehn Jahre lang Hauslehrer/Erzieher bei Zöllnersöhnen in Rom. Er wollte als Missionar nach Indien, doch ein alter Mönch sagte ihm: »Dein Indien heißt Rom.« So überschritt er denn Rom in sechzig Jahren nullmal. Selige Geister legten ihm visionär nahe, mitten in der Metropole wie ein Eremit zu leben und kein Fleisch zu essen: »Soweit es dir möglich ist.« Es war ihm möglich. Scherze, über die, wenn andere sie machten, keiner gelacht hätte, schienen, wenn er sie machte, Hintersinn mitzuführen. Stolzgeblähte Tiraden durchbrach er mit Albernheiten. Wenn er in den Katakomben und sieben Basiliken von Rom hockte, verinnerlicht sinnierend, wandelte er durchs fröhliche Volksgetümmel, sehr auf Augenhöhe aller, mit breitkrempigem Hut, manchmal nur halb rasiert, bald stadtbekannt. Hinter lustiger Schale und toskanischer Plauderfreude schimmerte ein ernster Kern – anachoretische Einsamkeit – kaum durch. Trauerklöße heiterten sich in seiner Gegenwart auf. Mit einem Niedergeschlagenen, der ihn zerquält aufsuchte, rannte er didaktisch um die Wette, und schon war der Traurige nur noch halb so traurig. Seine Intuition grenzte an Gedankenlesen, und seine Gedanken wirkten oft ansteckend. Beichtkinder, die er mit Koseworten wie Tölpel, dumme Jungs und »Frau Eva« nannte und gern an Schopf, Kinn oder Ohrlöffeln nahm, fühlten sich nach ihren Beichten bei speziell ihm ganz besonders erleichtert. Aber wenn sie verehrungssüchtig sein Kleid anfassen wollten, versetzte er ihnen Püffe und Nasenstüber. Alle ließen sich das gefallen, zumal es bald hieß, seine Berührungen schützten vor Rheuma. Strengere Beichtväter rügten den stets Wohlgelaunten, nicht streng genug zu sein, zu viel »festività« zu versprühen ... und zu wenig »sospiri« loszulassen. Einem Prälaten, der ihn wegen des vielen Umgangs mit rohen Straßenkindern bedauerte, sagte er: »Meinethalben mögen sie auf meinem Rücken Holz spalten, Hauptsache, sie sündigen nicht.« Mit verzückt verdrehten Augen roch er theatralisch an einem Strauch, jeder glaubte: an Blumen, die aber bei näherem Hinsehn sich als Disteln entpuppten. Beim feierlichen Auftritt von Kardinälen ging er selber unverhofft

Wund vor Liebe zu Gott (Neri hier kombiniert aus seiner Totenmaske, 1595, und einem Gemälde von F. Zuccaro, 1593, mit Bart, Soutane, Barett und Ohr)

in Rot, was teilweise als Spott empfunden wurde. Aber als ihm die Kardinalswürde angetragen wurde, lehnte er – genau wie Savonarola – ab. Dessen Hauptmöbel: die Kanzel, Neris Hauptmöbel: der Beichtstuhl, worin er oft fünfzehn Stunden im Stück saß. An Savonarolas Porträtbild ergänzte er per Malpinsel die vorenthaltene Aureole. Er betete darum, daß die Schriften seines Vorbilds Savonarolas bei neuerlicher Prüfung nicht auf den Index kämen. Fehlende Anmaßlichkeit ergänzte Neri mit fehlender Unterwürfigkeit, selbst dem Papst gegenüber. Statt sich auf die Heilige

Messe gebührend vorzubereiten, innerlich gesammelt, spielte er unmittelbar vorher mit Vögeln, Kätzchen und Caninelli. Der Hund Capriccio wollte einfach nicht zurück zum alten Herrchen, dem Kardinal Sforza Fiora, und blieb für immer bei Neri, der ihn nicht besser fütterte, als einer der ersten Theologen überhaupt, die sich gegen Tierquälerei einsetzten, vierhundert Jahre vor Albert Schweitzers Ehrfurcht vor dem Leben. Der Anblick des Kruzifixes reichte hin, haltlos in Tränen auszubrechen. Eine Vision vom Täufer Johannes versetzte ihn in Zitterzustand. Schenkte er das Blut Christi ein, überliefen ihn Schauder. Statt Wein zu schlürfen, den er vor lauter Zittern verschüttete, biß er in den Kelch. Bisweilen schwoll ihm, wenn er eine Hostie zu sich nahm, der Mund dick an, oder er wurde selber so dick wie ein Bierfaß. Häufiges Herzrasen und Blutandrang veranlaßten Herzvergrößerung; Rippen wurden beulenbildend nach außen gedrückt. Seine zum Himmel gestreckten Arme sanken von allein selten wieder herunter. Innere Hitze ließ ihn auch winters mit aufgeknöpfter Soutane gehn. Pfingsten 1544 erfolgte eine besonders anfallsartige Eingießung – eine Feuerkugel trat in ihn ein und stieg in sein Herz hinab. Aber seine Verzückungen kamen ihm nicht immer gelegen. Als ihm in einer Vision Jungfrau Maria erschien, ließ er vor Schreck die Bibel fallen. Eine mystische Welle fühlte er heranschwappen, wollte sie abblocken, sich nicht hingeben, versuchte ihr auszuweichen, sich zu erden, indem er einem nebenstehenden stämmigen Wachmann der Schweizer Gardisten in den Bart faßte, zu spät – die Ekstase ließ sich nicht mehr unterbrechen.

Als Priester der Kirche Sant Girolamo della Carità gründete er 1548, zusammen mit seinem Beichtvater, eine Dreifaltigkeits-Bruderschaft zur Pflege armer kranker und sterbender Rompilger. Seriöse Gäste, die ihn aufsuchten, um ihn in seiner herumgesprochenen Ekstase zu sehn, bekamen von ihm florentinische Piovano-Arlotto-Anekdoten erzählt, seiner unheiligen Lieblingslektüre. Sein Toskaner Witz übte sich – über verweltlichte Priester hinaus – auch am Papst. Mitten in der Heiligen Messe ließ er sich die Haare schneiden. Priester zu werden, zögerte er bis 1551 hinaus, aus Bange, beim Messelesen von Ekstasen übermannt zu werden, zumal diese bei ihm auch mal vier Stunden dauern konnten. Stattdessen hielt er in der »Herberge zur christlichen Fröhlichkeit« in wechselnden Zellen Bibel-, Augustinus-, Cassian-, Colombinilesungen, Unterredungen, Referate und Gesänge ab, mit jungen Toskanern, Laien, Beichtstuhlbekanntschaften, Strumpfwirkern, Goldschmieden, dem adligen Papstneffen Tarugi,

Modio, Baronius, Fucci, bald täglich in kleinem Kreis, der sich vergrößerte. Im Frühling wurde solche Geistlichkeit nach Sant Onofrio verlegt, Pleinair-Oratorium. Ein römischer Adliger, weil er sich weigerte, mit Fuchsschwanz öffentlich herumzugehn, konnte nicht in Neris kleinen Kreis aufgenommen werden, mangels Humor. Frauen, die ihn zu sehr angafften, reichte er seine Augengläser, damit sie noch besser würden gaffen können. Und denen, die ihm anhimmelnd als Priester zum Anfassen lästig fielen, zerwirrte er die Frisuraufbauten, um den Aufkreischenden zu entweichen.

Zwei Kleriker schikanierten ihn, legten ihm schmutzige Meßgewänder hin, knallten ihm Türen zu, versteckten Schlüssel und Kelch, worauf er sich ans Kruzifix wandte (wie später sein Plagiator Don Camillo): »Guter Jesus, warum hörst du mich nicht?« Die alte Frage. Aber Jesus erbarmte sich und mahnte ihn in eingebildeter Antwort zur Geduld, womit er dann auch siegte. Als Martha von Spoleto ihn einen Heiligen nannte, gab er ihr eine Ohrfeige. Das galt nicht ihr, erläuterte er, sondern dem Teufel. Berichteten ihm Leute, sie hätten Jungfrau Maria erblickt, empfahl er, ihr ins Antlitz zu spucken, und tatsächlich steckte stets nur ein Dämon dahinter. Jugendliche sperrten ihn mit leichten Mädchen in einer Kammer und gucken von außen zu. Da geschah dann nicht viel. Stadtschönheit Cesarea flehte um Letzte Ölung, aber als sie ihn statt auf dem Sterbe- auf dem Lotterbett empfing, trat er eilends den Rückzug an, überholt von ihm nachgeschleudertem Schemel; sein späterer Kommentar: »Im Krieg um Reinheit erlangen nur die Feiglinge den Sieg.« Obwohl – im Rahmen seiner bewältigbaren Versuchungen und erfolgreichen Abtötungen – keinerlei renaissanceförmiger Sex stattzufinden schien, wurde er nie von thebanischen Dämonen gequält. Nur einmal sah er in den Ruinen der Antoninischen Bäder einen äffischen Unhold hüpfen und verschwinden, sicher nur ein Nagetier. Die Wunder der angeblich wundertätigen Ursula Benincasa, die er im päpstlichen Auftrag näher untersuchen sollte, ließ er sich gar nicht erst vorführen, weil die Nonne sich aufbrausend weigerte, ihm als Aufwärterin die Stiefel hilfreich auszuziehn, es also an Demut fehlen ließ. Von einem Mann gefragt, wie er solche Heiligkeit habe erlangen können, sagte er: »Ganz einfach. Ich überleg mir bei allem: ›Wie würde der Heilige Ignatius von Loyola handeln?‹ Und dann mach ich das Gegenteil.« Die Inquisition beargwöhnte ihn als Sektierer und Aufrührer, beobachtete ihn, bestellte ihn ein, verhörte ihn, er weinte über den Irrtum seiner Drangsaleure und wickelte sie mit solchem zarten und leutseligen Charme ein, daß die Prüfer ihn lächelnd laufen ließen. Fortan stand er in besonderer päpstlicher Gunst. Die Gicht des Papstes Klemens VIII. wollte durch Neris Handauflagen nicht weichen; da legte sich der Greis kurzerhand dem Papst flächendeckend auf den Leib – und die Gicht wich von hinnen, von Stund an. Weitere Freunde: Karl Borromäus, Franz von Sales. Das Funkeln seiner Augen, das viele Maler einzufangen versuchten, entzog sich ihren Pinseln. Seinem überlieferten hochseriösen Konterfei sah man den Possenreißer nicht an. Daß er auch noch als Greis öfters in den Gassen bizarr herumhüpfte, trug ihm teils Kopfschütteln, teils Spott, oft auch Sympathie ein. Andere Herumhüpfer fand man weniger sympathisch. Neri überlebte vierzehn Päpste. In der Todeskrankheit jammerte er, nie Gutes getan zu haben und daß er, wenn er nochmal genesen werde, sein Leben ändern würde; der Beste von allen – immer noch nicht gut genug? »Gebt euch keine Mühe mit eurer Medizin. Ich sterbe.« Kurz vor seinem Tod verbrannte er seine Briefe und Gedichte. Nur ein einziges Sonett entging der Vernichtung. »Pippo buono«, der muntere Apostel Roms, ward schon zu Lebzeiten »il Santo« genannt.

Die Amtskirche stand diesem sonderbaren Heiligen nur teilweise gespalten gegenüber. Je humorloser die Beurteiler, desto weniger paßte er ins Schema. Ihn ausscheiden, ließ seine Beliebtheit nicht zu. Zugleich ließen sich Vorwürfe, die Kirche sei so humorlos, mit Hinweis auf Filippo entkräften. Rubens brachte ihn 1606 auf einem Gemälde unter. Gian Battista Tiepolo malte den 1622 Heiliggesprochenen 1739. Der von ihm 1552 gegründete Orden der Oratorianer, eine musizierende Weltpriester-Vereinigung, bereicherte die Musikgeschichte um die Gattung Oratorium. Industriezeiten entdeckten dann auch – neben sanguinischer Daseinsbezwingung usw. – jede Menge sog. »Naturverbundenheit« an ihm, Freundschaft zu Sonne, Wind und Blüten. Psychologiegeschädigte Theologie behelligte die Frohnatur postum mit Vulgärdeutung, sein Optimismus und seine Harlekinrolle hätten Ventilfunktion gehabt, damit er nicht vom Numinosum gesprengt werde. Pfarrer überzogen ihn mit ihrem gutgemeinten Jargon: und schon durchstand Neri Augenblicke der Prüfung und Bewährung, Zeiten des Suchens im Dunkel. Überregional fiel seine Praxis des Selbsttadels und der Tendenz, gering und lächerlich zu erscheinen, zusammen mit der mittelalterlich-orientalischen Sekte der Malamatiyya (Leute des Tadels). Im klassischen Sufismus, wo man genau wie Neri beim bloßen Wort »Allah« in Ohnmacht zu fallen pflegte, hätte man ihn weniger zu den Vorwärtsschreitenden als zu den Hinangezogenen gerechnet, die als Übergeschnappte verehrt und verachtet wurden, und eindeutig zu jenen Derwischen, die von Munbasit und Bast (offener Gelöstheit) sich tragen ließen, und nicht der Qabd (verkrampfter Beklommenheit) frönten; eher dem feixenden Dalai Lama Nr. 14 wesensverwandt als sauertöpfischem Katzenjammer, Trübsalblasen, Unkenruferei, Bußpredigten, apokalyptischen Drohgebärden sehr vieler Christen; ein Asket der heiteren freudigen schmerzfreien Sorte. Neri wurde zum Patron der Scherzbolde, gegen Erdbeben, weibliche Unfruchtbarkeit, Gliederweh. Die Christen rühmten ihn als wunderbar frömmiges Vorbild; die Nachwelt sah den Zeitgenossen von Prinzessin Mirabai und Johannes von Gott eher als Bhakti-Ausnahmeheiligen, als christentumsprengenden Stadtstreicher. Aber neben dem mystischen Humor von Dschelalluddin Rumi, Zhuangzi oder Drugpa Künleg sah Neri wieder arg bescheiden aus, einigermaßen ungrotesk, und von recht zahmem Humor.

Worte von Filippo Neri: All jene, die Visionen und Verzückungen suchen, wissen gar nicht, wonach sie verlangen. – Eine Seele, die wahrhaft Gott liebt, kommt so weit, daß sie sagen muß: »Herr, laß mich schlafen«. – Wer nicht in die Hölle hinabsteigt, solange er noch lebt, läuft Gefahr, dahin zu kommen, wenn er tot ist. – und da erinnere ich Sie, daß es hübsch ist, wenn ein Papst sein Wort hält. – Ich fürchte, daß die wahre, dauernde Freude weitab von den Höfen der Könige und Fürsten weilt, ebenso auch ferne von den Palästen der Kardinäle und Bischöfe, namentlich, wenn sie reich sind. – Diejenigen, die Traumgesichten und dergl. nachjagen, müssen wir an den Füßen packen und mit Gewalt niederzwingen, daß sie nicht in des Teufels Netze fallen. – Junge Leute sollen sich vor fleischlichen Sünden hüten, und alte vorm Geiz. – Wer will, daß man ihm gehorche, der soll wenig Befehle geben.

Filippo Neri über sich: Ich hab nie viel studiert, denn ich war beschäftigt mit Beten und anderen geistlichen Übungen. – Ich bin wund vor Liebe zu Gott. – Christus ist Mensch und Gott und besucht mich gar manchmal. – Christus kam um 7 Uhr in der Nacht, sich mir einzuverleiben. – Wie gern möchte ich von Dir wissen, wie es gemacht ist, jenes Netz der Liebe, das so viele einfängt. – Ich bin ein Mensch wie irgendein anderer. – Wie viele kleine Schwestern werden den Vortritt vor mir im Paradies haben. Ich bin nicht von einem solchen Nutzen hier in dieser Welt, daß ich gleich Sankt Martin um eine Verlängerung meines Lebens bitten dürfte.

Andere über Filippo Neri: In diesen einsamen Stunden lernte er mehr und mehr, das Irdische hinter sich zu lassen. (P.G. Bacci, 1706) – Ein solcher Jüngling, ein solcher Mann, so lebhaft und seltsam wirkend, mußte den Menschen wunderlich und mitunter gerade durch seine Tugenden beschwerlich und widerwärtig vorkommen. (*J.W. von Goethe, 1787*) – und hatte er etwas Gutes getan, so hing er etwas Einfältiges wie ein Schwänzchen dran, um jenes zu verdecken. (*John Henry Kardinal Newman, 1850*) – Diese drolligen Scherze sind gewiß kein Zeichen von Heiligkeit. (*Emil Göller, 1920*) – Er verschloß die abschreckende Bußstrenge Savonarolas in seinem Inneren und zeigte der Welt die strahlende, keusche Liebenswürdigkeit Fra Angelicos. (*Hans Hümmler, 1954*) – Das Narrentum floß aus Neris eigener Seele, es mußte ihm gar nicht künstlich nachgeholfen werden, es war einfach da und blühte wie eine Wunderblume Gottes. (*Walter Nigg, 1956*) – Pippo, wie ihn seine Freunde nannten, pflegte eine besonders innige Beziehung zum Heiligen Geist. (*Albert Sellner, 1993*) – Filippo war kein Comedy-Blödian. Wie alle großen Heiligen, wie alle großen Clowns hat Filippo Neri das gekannt, was Gottfried Keller »die Traurigkeit des geistigen Menschen« nannte: jene tiefempfundene Schwermut über die »absteigende Inkongruenz« der Welt, die keinem erspart bleibt, der ein waches Herz hat und einen wachen Geist. (*Hans Conrad Zander, 1995*) – Er trieb sich fortan auf den Straßen und den Gassen der lebhaften und lauten Stadt am Tiber herum, zusammen mit Schelmen, Schwindlern, Schurken, Taugenichtsen und anderem Lumpenpack. (*Franjo Terhart, 1996*) – Nach diesen Befunden gehört auch Neri in die lange Reihe jener Somatisierer der Schrift, bei denen sich der mystische Text distanzlos in einen barocken Organdialekt übersetzt. Vor allem pfingstliche Motive und Redefiguren christlicher Großherzigkeit transportierten sich bei Neri in körperliche Forderungen nach Weitung und Ausgriff. (*Peter Sloterdijk, 1998*) – Weil der Vater mit den Dominikanermönchen von San Marco in Florenz bekannt war, waren dem jungen, quicklebendigen und künstlerisch sensiblen Philipp die Kreuzgänge und Zeilen dieses Klosters durch dialektische Erlebnisse vertraut. Er liebte das Neue und Ungewohnte. (*Prof. Alfred Läpple, 2000*)

Der geistlich Ärmste, der je nach oben stieg

Giuseppe da Copertino, Einfaltspinsel, Verzückungstrottel, Flugheiliger
(1603–1663)

Er ward als Zimmermannssohn in einem Stall geboren, wohin seine Mutter vor dem Gerichtsvollzieher floh, in einem apulischen Bauerndorf bei Brindisi. In seiner Jugend ging er auch mal mit Messer auf jemanden los, außer sich vor Wut. Dafür machte er keine Fortschritte in der Schule. Gute Seelen meinten: »kaum« Fortschritte. Alle nannten ihn ›La bocca aperta‹. Denn das Maul ließ er stets offen hängen, mit Speichelfaden. Sein leeres Glotzen hing wohl an Kurzsichtigkeit. Seine übermäßig linken Hände fielen überall übel auf. Kein Gefäß, das man ihm in die Hand gab, blieb heil. Alles zerdepperte er. Selbst bei simpelsten Arbeiten half der Depp nicht mit, genau wie Katharina von Ricci und Johannes vom Kreuz. Nicht mal Graubrot von Weißbrot unterscheiden konnte der Tropf. Aus der Schuhmacherlehre flog der hochkant raus. Zahlreiche Gebrechen machten den Dorftrottel bettlägrig. Selbst seine Mutter hielt seine stinkenden Geschwüre nicht aus. Aus dem Kloster schmiß man den Novizen auch raus. Als man ihm die Ordenstracht wieder auszog, glaubte er, man zög ihm Haut und Fleisch über die Ohrwascheln. In einem Minoritenkloster kam Sepp der Unbrauchbare dann doch noch als Knecht unter. Es bedurfte nur kleiner Anstöße, um ihn außer sich zu bringen, aber nicht vor Wut, sondern vor geistlichem Anhauch. Nur »Maria und Josef« brauchte man sagen, oder »Paradies«, schon seufzte er verzückt los, halb Dumpfbeutel, halb erregbar, also Übersensibelchen. Sein Dauerzustand ward als religiöse Versunkenheit gedeutet, sehr wohlmeinend. Daß er aus der Kirche von Grotella mit bloßen Händen den Unrat raustrug, wurde nicht als mangelndes Werkzeugdenken ausgelegt. Sie rechneten es seiner riesigen Demut zugute. Das war sehr gut für ihn. Die Tiefenschau seiner Seele ließ genauere Erkenntnis der Außenwelt nicht zu. Der Gnaden Überlast nahm ihn gar sehr in Beschlag. Alles mögliche vom Irdischen hing dem Tollpatsch zwar viel zu hoch, nicht aber Gott. Seine beglaubigten Ekstasen verliefen so überzeugend, immerhin, daß man dann doch zur Überzeugung kam: Ei der Daus, da lebt einer mit Gott zusamm'. Er kriegte auch Sachen mit, die in der Luft lagen und die andere erst später spürten, Gefahr oder den Tod des Papstes. Oft leierte er das Wort ab: »Einer und eine«, und meinte damit Gott und die Seele. Der Tod des Erlösers traf ihn so stark, als wär's heut und jetzt, statt vor 1600 Jahren. Bei den Worten »Saulus, Saulus, warum verfolgst du mich?« fiel er wie tot um. Und als er wieder auf die Füß kam, sagte er unter Tränen: »Eine große Macht war's, eine große Macht.« Oft ward er dergestalt ergriffen, daß er einfach nur lossingen mußte. Von seinem Gesang hieß es: Er sang halt so gut er konnte. Bei Musik drehte er dergestalt mitschwingend durch, daß ihm untersagt ward die Teilnahme an Prozessionen. Seine Lauterkeit sprach sich allemal gar sehr herum. Keiner nahm je Hoffahrt und Hochmut an ihm wahr. Nicht daß er den Narren gespielt hätt. Er war nur, was er war. Aber gewisse Sünder sah er so fratzenhaft entstellt, daß er schier aufjaulte. Er ertrug einfach ihren Anblick nicht. Mit Ach und Krach lernte der Dussel sogar Lesen, hieß es. An Überstopfung mit Wissensbrocken litt er nicht. Trotz ganz gewisser Defizite,

Giuseppe da Copertino: »Singt ihr Vögelein, singt recht lustig; habt keine Furcht, daß es mich verdrieße.«

und obwohl's zum Laienbruder nicht gereicht hatte, wurde er Oblat, dann Frater, 1628 sogar zum Priester geweiht, in Poggiardo. Damals gabs noch keine strengen Prüfungen, um Priester zu werden. Oft stieg er auf Bäume – wieso eigentlich? Man nahm zu seinen Gunsten an, um nachzudenken – aber worüber denken Gottesmänner solchen Kalibers nach? Vögel und andere Stieglitze ließen sich von ihm anfassen, also erinnerte er wahrlich an den heiligen Franz. Vögel halfen ihm singen. Einer Amsel rief er zu: »Beim Gehorsam fliege herein!« Einem Distelfink gab er die Freiheit: »Gehe, genieße, was Gott dir zugeteilt. Ich für mich will nix von dir als daß du, wenn ich dir ruf, wiederkömmst, um mit mir deinen und meinen Gott zu loben.« Nicht, daß er's Beten vergaß, aber sein Käfigvogel erinnerte ihn schon beim ersten Morgenstrahl dran: »Bruder Joseph, sprich dein Gebet!« Einen Stoßvogel, der sein Vögelchen tötete, schrie er an: »Ei du Dieb, du hast mir mein Vöglein umgebracht, du verdienst dafür auch umgebracht zu werden; komm, daß ich dich töte!« Gehorsam kam der Räuber bei Fuß und legte sich wie tot hin, da sagte der Mann zu ihm: »Geh nur hin, diesmal soll's dir verziehn sein. Aber tu's nimmer!« Der gute Giuseppe ward aber auch mal halbtot früh in der Kirche gefunden, weil er die ganze Nacht mit'm Satan gerungen hatte. Oft beschwerte er sich über Gott, und das direkt bei Gott. 1653 griff die Inquisition zu, isolierte ihn im Kapuzinerkloster Pietrarubbia, dann im entlegeneren Kloster Fossombrone. Beim Prozeß in Napoli konnte die vermutete Scheinheiligkeit in seine Harmlosigkeit schwerlich hineingedeutet werden.

Auf dem Sterbebett im Kloster Osimo bei Ancona fieberte der Minderbruder im Wechselfieber: »Der Esel beginnt, den Berg hinanzusteigen.« Und als sich's alsbald für den Esel nicht sehr leicht starb: »Die Rinde will sich vom Baum nicht schälen lassen.« Und als die Rinde dann doch abging, hauchte der sterbende Giuseppe: »Dieser Übergang ist ungeheuer.« Und als letztes kleckerte noch nach: »Meine Seele, liebe, liebe!«

Ein Buch hatte der Giuseppe da Copertino nicht geschrieben. Er gründete auch keinen Orden. Er tat bei Lebzeit keinerlei Wunder, außer daß er auch mal quer durch die Kirche geschwebt war, dies sogar gar nicht so völlig selten, vielleicht gar recht oft, ja: durchaus sehr oft, wenn nicht gar äußerst häufig bis durchaus regelmäßig, was hinterher um so ungehemmter staunen machte, zumal er dabei 50 Schuh erreichte, oder auch gern mal 60 m. Auf den Schwingen seiner Minderbemitteltheit ritt und flog er postum in höchste Höhen. Um ihn am Fliegen zu hindern, hätt man ihn in niedrige Zellen gestopft, hieß es recht bald. Legenden wucherten reichlich, um hülfreich und positiv ein kaum Versteckbares zu überdecken. Klar, selig sind die geistlich Armen, aber dergestalt quasi-debil war's vielleicht nicht gemeint gewesen. Bevor unschönere Zeiten heranrückten und herzlos ›Autismus‹ und ›Lernschwierigkeit‹ diagnostizierten, wurde der gute Josef bereits 1767 heiliggesprochen, vor allem auch schon allein wegen seiner erstaunlichen Flugviertelstunden, rund um Tabernakulum und Kruzifix, wobei er übrigens vogelartige Schreie ausstieß, und seiner gelegentlichen, ja gar nicht so seltenen Krankenheilungen wegen, wohl guinnessverdächtig als der tumbeste Tor. Statt ihn mit ›Legasthenie‹ zu verunglimpfen, ehrte man ihn mit ›Levitation‹. Der Flugheilige schwebte über den Dingen wie über seinem I.Q., der sich nie störend zwischen ihn und Gott schob. Neben ihm avancierten Simplex, Bauer Dümmel, Forrest Gump und Maddin Schneider schier zu Schlaumeiern und Intelligenzbolzen. Fast alle Heiligenkalender umgingen den heiklen Punkt Blödigkeit sehr liebevoll, so als wär mit seiner ›praktischen Bildbarkeit‹ alles in Butter gewesen. Hauptsache, Tiere durften weiterhin nicht in den Himmel rein. Wahnsinn, denn im Gegensatz zu Luzifer, Ikarus, König Nimrod und dem tapferen Schneiderlein von Ulm stürzte der ›Fliegende Frater‹ nie ab. Viele leichtgläubige, frühere Inkarnationen späterer Ufologen konnten das beschwören, und das bei Gott – also wirklich! Und weil's so viele Leut gesehn hatten, glaubten's noch mehr Leut und ließen das liebe Maul offenstehn wie der Heilige selber. Viele Maler malten ihn deshalb mit Flügeln, so daß die Münder noch mehr staunten. Seine Partnerstadt in Asien wäre der Mahasiddhi und Vogelmensch Udhilipa. Dann stieg Sankt Josef auch noch auf zum Schutzpatron der Prüflinge und der Examenskandidaten, und zwar wegen seiner Lernprobleme, und auch der NATO-Piloten, und 1963 endlich dann auch zum Patron der Weltraumfahrt, gar nicht so unpassend, obwohl beim Astronauten Hauptschulabschluß nicht genügte. Als 73 Sekunden nach dem Start der Challenger 1986 n.Chr. alle sieben Astronauten starben, hat Copertino wohl mal wieder ein Gefäß zerdeppert. Eine Stadt im Silicon Valley/California ehrte ihn, indem sie sich nach ihm nannte – Cupertino.

Worte von Giuseppe da Copertino: Die Seele ist eine Königin; der Leib ihre Dienerin. Tritt die Seele beim König ein, bleiben die Seele heraußen. – Geschieht euch recht, warum auch habt ihr das Vöglein erzürnt und weggescheucht!

Giuseppe über sich: Ich besitz nichts mehr, dem ich noch entsagen könnte. – Tragt nur Geduld mit mir, so werdet ihr Verdienste dabei erlangen. – Warum drängt's mich, das Kind Jesus anzuschaun? Is' doch lang her, daß Jesus ein Kind war. – Verscharrt mich irgendwo, da wo mich keiner kennt. Und da wo alle mich bald vergessen.

Andere über Giuseppe. Ein Mensch von 33 Jahren spielt den Messias; er zieht eine Menge Volkes hinter sich her. (*Zeitgenössischer Generalvikar*) – Seine aufreizende Dummheit war Einfalt im höchsten Sinn, die von keinem Quentchen Verstand mehr durchkreuzt wurde, und darum ward ihm die größte Begnadung zuteil. (*Walter Nigg, 1956*) – Mit dem Studium sollte er es versuchen, es wollte nicht vorwärtsgehen, denn er war in geistiger Hinsicht noch ungeschickter, es kostete ihn äußerste Muhe, Lesen und Schreiben zu lernen. (*www.franziskanische-werkstatt.at, 2007*) – Wenn er in seiner Zelle saß, so soll diese so gestrahlt haben, als würden große Mengen an Kerzen brennen. Sein ganzes Leben lang soll er wundersame Heilungen bewirkt haben, die in Anzahl und Ausmaß die aller anderen Heiligen übertreffen. (*Wikipedia, 2012*)

Erleuchtung blieb aus,
aber Moskitos kamen reichlich

Tukaram – Kleinstwarenhändler, Vishnu-Mystiker, Marathi-Dichter
(1607–1649)

Herkunft aus Maharaschtra/Nordwestindien, genauer: Getreidehändlerfamilie aus Dehu, 14 Meilen nordwestlich von Puna – bestens verwechselbar mit Oshoa alias: Bhagwan Shree Rajneeshs Poona. In tiefer Demut, zumindest aller Bescheidenheit, versuchte er, das Leben eines dörflichen, möglichst unauffälligen Geschäftsmannes und Familienvaters zu führen. Daß er als Shudra, ganz unten im Kastensystem, eine Handbreit noch über den Kastenlosen stand, fand er zuviel der Ehre. Ohne Kastenhochmut gutzufinden, war er vollkommen einverstanden, für immer ganz weit unten zu stehn, um Gott auf ewig ganz besonders weit über sich zu wissen. An seiner Unbedeutendheit, die er mit Bedürfnislosigkeit schmückte, weidete er sich fatalistisch. Seine Nichtigkeit war derart groß bzw. seine Anmaßung derart klein, daß er von Vitthoba (damit meinte er Vishnu) nichts erbat, geschweige denn verlangte, sondern stets beteuerte, auch ohne Erleuchtung und Erlösung auszukommen. Weder bekam er einen Guru noch wurde er ein Guru. Allenfalls betete er behutsam zu Vitthoba, den er auch Vitthal und Pandurang nannte, nicht als Tier wiedergeboren zu werden; denn als Tier könne er nicht mehr Gott darum bitten, als Mensch wiedergeboren zu werden. Vor lauter Gutgläubigkeit und Vertrauensseligkeit fehlten ihm Blick und Sinn für die Erfordernisse seines Berufs, für Preiskalkulation, wenigstens für ein Minimum an Gewinnspanne, anders gesagt: Sein Krämergeist, kaum vorhanden, ging in mangelnde Geschäftstüchtigkeit über, dann in Geschäftsunfähigkeit, nochmal anders gesagt: Sein Job schrumpfte hinweg in wachsender Bhakti (Gottesliebe). Als Kaufmann wurde er zum liebenswerten Opfer seines übergroßen Sippendenkens, einfacher gesagt: Nicht nur seinen persönlichen unmittelbaren Clan sah er als Familie. Auch entfernteren Familienmitgliedern konnte er kein Geld abknöpfen, noch einfacher: Statt zu verkaufen, verschenkte er, erst nur kleine Zugaben, dann immer größere; erst nur an Kinder, dann an alle Leute. Man konnte derart günstig bei ihm einkaufen, daß er seinen Laden aufgeben mußte. Tukaram verließ, vorzeitiger als jeder Brahmane, seine Familie. Wären alle wie er gewesen, hätte die Utopie einer Gesellschaft des Schenkens sich realisieren können. Kein Turbo-Kapitalismus wäre je so richtig in Gang gekommen. Selbst die Kultur humorigen Feilschens hätt's schwer gehabt. Nach unglücklicher zweiter Ehe wandte er sich verstärkt der Religion zu. Doch für einen Guru reichte es bei ihm nach wie vor nicht so recht, fürs Lesenlernen zunächst auch nicht. Tukaram, kurz: Tuka, fernab des einschüchternden Riesenkanons verzwickter und verkopfter Denkprodukte und Schriften, vertiefte sich dann doch noch zutraulich ins Bhagavatapurana des brahmanischen Marathi-Gelehrten Ekanatha (1555–1599) und begann Verse im lockeren Abhanga-Metrum zu singen, die andere aus dem Gedächtnis niederschrieben. Einerseits fand er's schwer, der Welt zu entfliehn, andererseits noch schwerer, zu Vitthal zu gelangen. Er verglich sich, indem er außerhalb von Gott stand, einem Fisch, der ohne Wasser zappelt, genau wie vorher Mirabai, Kabir, Rumi und fast alle anderen. Er sehnte sich, Gott zu erblicken, wenigstens in einer Vision. Visionen blieben aus, aber Dorfgenossen, die ihn auslachten, kamen reichlich. Wenn er im Tempel von Dehu betete oder auf dem Weg dorthin, kam nirgendwo Erleuchtung ozeanisch herbeigeschwappt, aber jede Menge Moskitos kamen herbeigesirrt, die er nicht zu töten, nicht mal zu verscheuchen wagte. Daß hingegen Vögel, obwohl er sie doch sehr liebhatte, vor ihm flohen, konnte eigentlich nur bedeuten, daß all seine religiöse Bemühung nichts nutzte. Obwohl er keinem was zuleide tat, kam sich der notorische Selbstverkleinerer als großer Sünder vor. Obwohl er als gescheiterter Kaufmann stets die Augen niederschlug und den Kopf neigte, klagte er sich der Ichsucht an, der Ruhmsucht und des Hochmuts. Seine alsbald sechstausend, dann achttausend schlichten Abhangas wandten sich äußerst schlicht an äußerst schlichte Gemüter. Sein mäßiger Erfolg löste bei den Brahmanen Neid aus und Haß. Marathenführer Siwadschi lud ihn ehrenvoll ein; Tukaram reimte eine wackere Absage. Siwadschi wohnte heimlich einer von Tukarams gesungenen Predigten bei und ließ ihm eine Schüssel Goldstücke übergeben, die Tuka unter den anwesenden Brahmanen verteilte; auch hier geschäftsuntüchtig. Dann wurde ihm doch noch gewährt, Gott visionär zu schauen, und das Entzücken darüber setzte Tukaram gleich in die laufende Abhanga-Versproduktion um. Dann wieder schlug sein gebeuteltes Selbstbewußtsein in Selbstvergottung um, und plötzlich erklärte er, als Lehrer nicht nur Gott zu sein, sondern sogar höher zu stehen als Gott; denn Gott müsse ständig schaffen; sein Anbeter aber könne sich zurücklehnen und ausruhen, und könne sogar Gott beeinflussen, auf ihn wirken und ihn lenken, also ihn beherrschen: für Tukaram atypische Gedankengänge, die ihn fast in die Nähe von Abu Yazid al-Bistami hoben, wenn nicht gar in Subjekt/Objekt-Spekulationen à la, daß der Mensch Gott nach seinem Bilde schuf. Zwischendurch ließ er sogar Seitenhiebe und Pfeile auf falsche Propheten und Gottesleugner los.

Sein Name ging weniger unter als die Namen 1001 unbekannter Brahmanen. Postum hatte er mehr Glück. Krishna höchstselbst lockte die vie-

Tukaram: »Wenn mein Geist keine Unterschiede mehr macht, wenn er Mensch und Tier als gleich erachtet, weil Gott sie alle durchströmt, warum fliegen dann diese Vögel vor mir fort?«

len Moskitos, die Tukaram bei Lebzeit stachen, mit einem Dattelzweig fort und rieb die Stichwunden mit Balsam ein. Daß Tukaram einen schlimmen Hund heldenhaft bändigte, gehörte zu den üblichen Taten von Herakles bis Sankt Blasius und Franziskus. Sympathischer und seinem Kleinformat angemessener erschien ein hübsches Vogelwunder, das kaum erfunden werden mußte, um wahr zu sein: In einer zweistündigen reglosen Verzückung landeten mehrere Vögel zutraulich auf ihm, so daß Tukaram als meditierender Vogelbaum dasaß, neben einem Adschan-Baum, unweit der Stadt Alandi. Trotz seiner insgesamt erfreulich kleinlauten Demut hatte er nun, als er am Ufer der Indrayani verzückt just seine Hymnen sang, sich mystisch in Luft und Licht aufgelöst, und kurz danach ist er dann in einem goldenen Wagen zum Himmel gefahren – Ende gut, alles gut.

Worte von Tukaram: Ein Brahmane, der den Namen Gottes nicht liebt, ist kein Brahmane. Ein Kastenloser, der den Namen Gottes liebt, ist ein Brahmane. – Kastenstolz hat noch nie irgendwen geheilt, aber die Unberührbaren haben den Ozean des Lebens durch Hingabe an Gott überquert. – Wir sollten unseren Körper benutzen, um anderen Gutes zu tun. – Es gibt keinen Narren auf dieser Erde, der dem vergleichbar wäre, der sich Gott nennt.

Tukaram über sich selbst: Ich sah meinen Tod mit meinen eigenen Augen; er war überaus ruhmvoll. Das ganze Universum erbebte vor Freude. Tod und Geburt gibt es jetzt nicht mehr, und ich bin frei von solchen Nichtigkeiten wie ich und mein. – Dieser Körper ist ein Krug, der zu Füßen Krishnas zerschellt liegt.

Andere über Tukaram: Tukarams Schriften sind interessant, weil sie uns die jahrelange Entwicklung eines indischen Gottsuchers zeigen, wie wir sie aus älteren Schriften indischer Philosophen nicht so herauslesen können. (*Walter Ruben, 1954*) – Tukaram war ganz seinen Gedanken an Gott ausgeliefert. (*Martin Kämpchen, 1979*)

Sympathischer als Till Eulenspiegel

Herschel von Ostropol – Spaßvogel, Possenreißer, Witzler, Hungertuchnager, Schnorrer (um 1750)

Er kam aus der Ukraine, der Urenkel des Kabbalisten Rabbi Simon von Ostropol, den täglich ein Engel besuchte. Hersch war bereits als Kind sehr an der Kabbala interessiert, fast so sehr wie an Kindlech (Mehlspeise) und – früh verwaist – nie um Tiruzim (Ausreden) verlegen, und voller Daseinsfreude. Aber seine Mutter konnte ihn nur mit dem Köder gebratener Fischlein zum Beten verführen. Als sie ihm mal nur Kopf und Schwanz gab, betete er auch nur ›Ma tobu‹ und ›Olenu‹, Auftakt und Coda, inclusive Ausspucken gegen Götzen. Seine Hände: zart und schmal. Sein Wuchs: zwergenhaft. Seine Haare: kohlschwarz gelockt. Man bildete ihn – was seinem Gemüt völlig widersprach – zum Schächter aus. Dann kam ein langer Bart hinzu. In der Tasche: oft keine Kopeke. Sein bester Freund: Chajkel. Sein Rabbi: der strenge, stets traurige Baruch von Miedziborz, Tochtersohn des Baalschem, dem man empfahl, zur Auflockerung seiner chronischen Melancholie sich einen wie Herschel zu genehmigen. Rügte Rabbi Baruch Herschels zerschlissenen Chalat und ob er keinen zweiten habe, meinte Herschel, der zweite sei noch zerfetzter. In einer Gasse traf er gedankenverloren einen alten Bekannten, Todres, der sich aber sehr verändert hatte und sogar beteuerte, Jankel zu heißen, statt Todres, worauf Hersch sich wunderte, wie nicht nur ein Mensch sich so verändern kann, sondern sogar dessen Name. Mit angeborener Gutmütigkeit sagte Herschel anderen allerlei Bosheiten ins Gesicht. Vor polnischen Edelmännern zog er nicht, was alle zogen: die Mütze. Herschele Ostropoler führte seltsame Zwiegesänge – Hund: »Bist du nicht viel zu dick, um ein Schwein geworden zu sein?« Schwein: »Du Idiot! Wenn ich kein Schwein geworden wär, wär ich dann so dick?!«

Leute erzählten, er hätte zwischen seinen Schädelwänden statt ein Gehirn deren zwei: ein frommes und ein schelmisches. Mit der Laterne suchte er des Rabbis angeblich abgefallene Nase auf dem Boden, was die Meschamschin alle sehr lustig fanden – haha! Herschel stellte sich weinend; Rabbi Baruch hielt das nicht aus, zumal er ohnedies den Schmerz jedes Juden von einem zum andern Weltende mitzuleiden pflegte, bekam den Grund nicht genannt, bohrte nach, versprach schließlich 10 Rubel für die Mitteilung des Grundes, da sagte Herschele schluchzend: »Ihr habt mir mal 20 Rubel für sowas geben wollen, und jetzt nur 10 – deshalb wein' ich!« Als Herschele mal seinem Dienstherrn und Rabbi einen Goldkelch plus Silberlöffel stehlen wollte, angestiftet von Yezer Ha Ra', dem teuflischen Geist, fuhr Yezer ha-Tow dazwischen, göttlicher Geist, und verbot ihm den Diebstahl, mit genauem Bezug zur betreffenden Torah-Passage. Yezer ha Ra' argumentierte, man dürfe ihm ruhig was stehlen, da er dem Herschel den zustehenden Lohn nie richtig auszahle, und der habe eine große Familie zu ernähren, und bald komme Sabbath; doch Yezer Ha-Tow blieb hart beim Klauverbot. Herschel fragte Gott, wieso er nicht den geizigen Dienstherrn veranlasse, ihn weniger knapp zu halten. Da sprach Gott: »Da hast du recht, Herschel, aber was kann ich machen, wenn dein reicher Herr mir nicht erlaubt, ihm einen Besuch abzustatten und ich also nie seine Schwelle übertreten kann?« Dann heiratete er und wurde oft gerüffelt, daß er, obwohl sie selbst nichts zu knabbern hatten, noch Gäste mitbrachte. Er kam auch mal nach Berdytschew und auch Konzience. Als ihm von angetrunkenen Bauern der Weg versperrt wurde, ging er weg, kam nackt und kotverschmiert zurück, so daß sie ihn für einen Gitko (Teufel) hielten und sich dünnmachten. Irgendwo unterwegs galt es Goblins abzuwehren, irgendwelche Kobolde, und er, Herschele, wußte Kniffe, sie loszuwerden. Eingedenk des Spruchworts »Zeig einem Juden einen Kreuzer und schon springt er aus der Haut«, gab er bei einer schweren Geburt, anstelle seines Rabbi, den Ratschlag, einen Kreuzer auf den schwangeren Bauch zu legen. Einem Geizkragen gegenüber, der nie Almosen gab, behauptete Herschel, eine Lawine habe die Hölle zerstört und er sei betraut worden, unter Höllenkandidaten für den Wiederaufbau der Hölle Geld zu sammeln, und er sicherte dem Mann zu, nicht im provisorischen Schweinestall untergebracht zu werden, sondern einen Ehrenplatz in der Hölle zu erhalten, falls er ihre Rekonstruktion mitfinanziere. Ein andermal: Tränenüberströmt kam er zur Hevra Kadisha (Bestattungsgesellschaft), sein liebes Weib sei gestorben und er hätte kein Geld, um Takhrikhim (Leichenhemdchen) zu kaufen. Sie gaben ihm die Summe sofort, aber als sie ins Trauerhaus kamen, stand die Frau da und kochte. Als man ihn zur Rede stellte, redete er sich raus: »Macht doch nicht so ein Aufhebens, Freunde! Wenn nicht heut, dann sicher morgen; früher oder später wird's passieren.« Einem Krämer, der ihm dringend einen Kleiderschrank verkaufen wollte, sagte er, wenn er seine Kleider da rein tue, müsse er nackt laufen. Einem Einbrecher sagte er:

Herschel von Ostropol – ob er so aussah?

»Hier im Dunklen findest du nichts, zumal ich nicht mal am hellichten Tag hier was finde.« Einen anderen Dieb, der nachts bei ihm nichts fand und frustriert eine Prise Schnupftabak nahm, bat Herschel um auch etwas Schnupftabak und schlug ihm vor, sie könnten gemeinsam weitersuchen und die eventuellen Funde teilen; und überdies bat Herschel den Dieb, nicht im Ort weiterzuerzählen, daß er ein armer Mann sei. Sein stilles Gebet, das bei Reichen mindestens zehn Minuten dauerte, rasselte er verdächtig schnell runter, da er bloß um Erhaltung seiner Gattin und seiner Katze zu bitten brauchte. Irgendwo wurde ihm eine Braut angeboten und die Hochzeit drei Wochen lang vorbereitet. Drei Wochen aß er sich voll und beichtete dann, er sei bereits verheiratet und habe elf Kinder. Als Herschel hörte, Dümmlinge würden das Wort Sabbatnachmu (Trostsabbat) für den Eigennamen eines Heiligen, des Propheten Elijahu oder gar des Messias halten, gab er sich selbst für den Engel Sabbatnachmu aus, wurde nach toten Ahnen befragt, berichtete, sie seien verarmt und nackt, woraufhin die Leut ihm Kleider und Geld mitgaben, die dann der angemaßte Engel auftrug und ausgab. Man verfolgte ihn; da stellte er sich unterwegs nackt als Baumumarmer auf und erzählte dem Verfolger, er müsse den Baum festhalten, sonst stürze die ganze Welt ein, und erbot sich, den Vorsprung des Kleiderdiebs aufzuholen, nur solle der Verfolger solange den Baum hier festhalten, natürlich nackt usw.

Keiner schrieb was auf. Einige erzählten einiges weiter. Genauere Lebensdaten, falls vorhanden gewesen, versanken in Unerforschlichkeit. Ein Großvater erzählte spätestens um 1920 alles, was er wußte, einem gewissen Eljukim Götz Krzywynogy (Krummfuß), aus Radom, der es wiederum einem gewissen Chajim Bloch erzählte, und der machte 1921 ein Buch draus, die Hauptquelle für diese Figur. Viele seiner Anekdoten wurden auch anderen jiddischen Witzbolden zugeschrieben, und zum Ausgleich stammten seine ureigensten Storys gleichfalls von anderen. Kaum kam ein Gesamtüberblick zustande, dem er sich fast wieder entzog, nannte man ihn den jüdischen Eulenspiegel, doch traf dies sehr daneben; zuviel eurozentrische Ehre für Till Eulenspiegel; Herschele sah eher Nasruddin Hodscha ähnlich, bis in Details wie aus dem Gesicht geschnitten, minus Turban; hatte aber eine schwächere Lobby, und weniger Nachschub an Folklore und Jokolore. Ein zappelnder Fisch, der den Gemeindevorsteher per Schwanzflosse ins Gesicht geklatscht hatte, sollte nun juristisch zur Verantwortung gezogen werden; Herschel riet zur Höchststrafe des Ertränkens, und so warf man ihn in den Fluß. In Chelm, dem Gouvernement Cholm östlich Lublin, wurde Hersch wie ein Heiliger verehrt, weil er mal eine Mäuseplage besiegt hatte mit einer Katze, die dann aber von einer Mehlkugel naschte und gesteinigt werden sollte, was Hersch zu verhindern suchte, indem er argumentierte, nicht die Katze selber, sondern der Teufel in ihr habe genascht. Da sie auf ein Dach floh, brannte man das Haus ab, und so reihum ganz Chelm, also wohl auch eine Art Schilda und Abdera. Andere Narren seiner Zeit – Froim (*Efrajim*) Greidiger, Nechemje Kulikower, Simche Plachte, Schajke Feifer, ›Chojse‹ und die ›Chelmer Narren‹ – versanken in noch umfänglicherer Vergessenheit, entzogen sich sogar fast ganz dem Google 2012; und wer versuchen könnte, sie auszugraben, müßte erst noch aktiviert oder geboren werden.

Worte von Herschel von Ostropol: Die zweite Sintflut ist längst da. Als Noah nach der ersten Sintflut am Leben blieb, pflanzte er einen Weingarten und hat auf diese Weise den Wein entdeckt. Und durch die Sintflut – den Wein – sind schon viel mehr Menschen umgekommen als durch die erste Sintflut.

Herschel von Ostropol über sich selbst: Wenn ich Branntwein trinke, werd ich ein ganz anderer Mensch. Und dann will auch der andere Mensch ein bißchen Branntwein. – Bei der Totenbahre wird ein Mensch begraben, bei dem Trauzelt aber 2 Menschen. Bin ich mit meinem Weib nicht lebendig in der Erde? – Mein Vater seligen Angedenkens hat mir befohlen, wenn ich einst heirate, so solle ich dem Beichtvater alle meine Fehler vorher mitteilen, damit man mir später keine Vorwürfe mache, daß ich auf irgendeine Weise ihn gefoppt hätte. Daher sage ich euch: Mein Vater hatte 4 Brüder, die sich taufen ließen. – Mein Weib ist bei mir so würdig wie eine Gräfin und meine Kinder wie Komtessen.

Andere über Herschel von Ostropol: Er war in seinem köstlichen und ergreifenden Spott Till Eulenspiegel ebenbürtig, vielleicht sogar überlegen, nur sind seine Streiche mit den Begriffen von Wohlanständigkeit eher vereinbar. Und das ist vielleicht die Ursache seines Verkanntseins. (*Chajim Bloch, 1921*) – Er suchte müde und hungrig ein warmes freundliches Dorf, wollte Hanukah feiern durch Drehen der dreidel, Beleuchtung der menora und essen latkes. (*Google-Übersetzung, 2008*)

Vor lauter Mond vergaß er Gast und Wein und Welt

Ryokan Daigu, Zen-Buddhist, Bettelmönch, Einsiedel (1758–1831)

Geboren in Izumozaki, aufgewachsen im Bergdorf Itoigawa in der Provinz Echigo (heute: Niigata), lernte das weltfremde, seltsam aussehende Kind neben Japanisch auch Chinesisch. Vor lauter Konfuziuslektüre überhörte Eizo – auch Bunko und Magori gerufen –, die Stimme, die ihn zum Essen rief. Sein Spitzname: Kerze in der Sonne. Als sein Vater Tachibana eine Hausangestellte rüffelte, schaute der Knabe so entsetzt drein, daß er gesagt bekam: »Guck nicht so, sonst verwandelst du dich in einen Plattfisch!« Da lief er weg, wurde aufgeregt gesucht und am Meer wiedergefunden, versunken in plattfischförmiger Trauer. Zu feinfühlig für den väterlichen Schintopriester- und Bürgermeisterposten, wurde der Junior 1777 nach dem Schock, als Dorfschulze die Todesstrafe der angeblich ehebrüchigen Frau eines Rikshafahrers und Saufbolds nicht verhindern zu können, Novize im buddhistischen Koshoji-Tempel der Soto-Zen-Schule in Amaze, knapp ernährt mit Gerstenschleim, wo er oft als einziger während der zwanzigstündigen Lehrübungen nicht einschlief, neun Jahre lang. Nach dem Tod seines verehrten Lehrers und Abtes, des Greises Kokusen, mit dem er 600 km zu Fuß von Tempel zu Tempel pilgerte und der den ab 1790 als echt erleuchtet zertifizierten Eizo »Ryokan« taufte (gut, großherzig, überreiche Güte) und Daigu nannte (großer Narr), lebte er fünf Jahre lang als Unsui (fliegende Wolke und fließendes Wasser), d.h. freischweifend als Zen-Vagabund mit Bettelgewand und Eßschale. Ab 1800 zog er sich zurück in die Klause Gogo-an (Fünf-Schalen-Reis) unter Zedern im Otogo-Wald, von Efeu und Wistaria überwachsen, am Kugami-Berg, 330 m hoch, wo er sich teils von Farntrieben nährte, teils durch bescheidene Bettelrunden. Man kannte ihn bald rundum, fand ihn – der auch mal als Gärtner, Koch oder Krankenpfleger einsprang – sehr nett; gab ihm ganz gern was ab. Hatte er mehr in der Bettelschale, als er auf einmal aufzehren konnte, teilte er freigebig mit Spatzen und Hunden. Wenn tausend Gipfelriesen im Sonnenuntergang glühten und er mit überfüllter Bettelschale auf winzigem Schlängelpfad angeleuchtet vorwärtslief, konnte er dem Übermaß der Überfülle nichts mehr hinzufügen. Aber genauso oft schleppte er sich mit leergebliebener Schale durch kalten Wind, meilenfern seiner Hütte

– aber immer noch besser als kratzbuckeln zu müssen, als Stadtmensch eingespannt. Zu Buddhas Erleuchtungstag zum Vollmond im Mai hatte er oft nichts zu opfern im Hause, einmal allerdings einen Klecks Kartoffelbrei. Erwartete er Gäste, pflückte er vorher ein wenig Petersilie. Für zu viele Besucher hatte er zu wenig zu essen. Bisweilen fiel dem Leuchtkäfer (so sein Spitzname) nebenbei leicht unangenehm auf, daß ihm Goldenes Wasser fehlte (Reiswein). Gäste ließ er nur bei Mondlicht heimgehen, damit sie nicht auf Kastanienschalen zu treten bräuchten. Oft las er, wenn er nicht just wäschewaschende Frauen malte, im »Eihei koruka« (Werke von Meister Dogen), das ihm runterging wie Butter. Als ein bejahrter Gast fragte, warum die Bände so naß seien, redete er sich raus, es habe reingeregnet. Nächtelang durchweichte er das »Eihei koruka« mit seinen Tränen, aus Sehnsucht nach jenen alten Zeiten, in denen man noch so herrlich zu schreiben und so unwiderleglich zu denken vermochte. Han Shans »Gedichte vom Kalten Berg« – und andere Tang-Dichter – gaben ihm noch mehr als alle Sutren. Mit ihnen verband ihn die gefühlte Winzigkeit und vielzitierte unendliche Einsamkeit in unendlich zerfließender Berglandschaft. Im Kokujoji-Tempel, wo er manchmal Vorträge über das Abhidharmakosha von Vasubandhu hielt, erbat man weitere Vortragstätigkeit oder bot ihm an, Klostervorsteher zu werden, er aber sagte recht oft: »Genug ist genug.« Er nahm auch keine Schüler an. Lieber lebte er allein und arm als zu mehreren und halbwegs begütert. Nur manchmal mußte er woandershin, z.B. zur Trauerfeier für seinen Vater, der in den Freitod ging.

Als ihm ein Dieb die Zudecke, unter der er schlief, stahl, schrieb er frierend ein Dank-Haiku: »Der Dieb ließ ihn zurück: / dort im Fenster / den Mond.« Den schaute er stundenlang an, wie 150 Jahre später alle Leute in die Flimmerkiste. Als er mal einen Philosophieprofessor als Gast hatte und nur schnell im Dorf Wein holen ging und stundenlang nicht zurückkam, fand ihn der besorgte Gast 150 m weiter in den Mond starren, was Ryokan recht peinlich berührte: Vor lauter Mond hatte er Wein und Gast völlig vergessen. Ob seine Vergeßlichkeit auf mangelnder Gedächtniskraft oder meditativer Abwesenheit beruhte, mochte halbe-halbe friedlich ineinanderfließen. Kaum pflückte er Veilchen am Wegrand, fehlte hinterher sogar seine Eßschale, die aber unterdessen keiner mitgehn ließ. Bei Betrachtung blühenden Buschklees vergaß er, daß er eigentlich soeben Reis erbetteln wollte und bis eben noch Hunger verspürte. Obwohl er als Bettelmönch nichts besaß – zeitweise weder Zudecke noch Unterlage –, ließ er überall, wo er besuchsweise auftauchte, allerlei Kleinkram und Portiunkula (Eigentümlein) aus Versehn liegen, mal ein Kopfkissen, mal ein Handtuch, mal ein Taschentuch, mal seinen Fächer, zudem Münzen, Spielsteine oder auch seine Tasche, oder auch die Liste, auf der er all diese Dinge verzeichnete, um Armschützer, Knotenstock, kurze Robe, Tung-Öl, Strohhut und Gamaschen nicht ständig überall zu verstreuen. Kinder, die sich im Kakibaum verstiegen hatten, half er runter, stieg selber rauf, um ihnen Kakifrüchte runterzureichen, aß Kakifrucht um Kakifrucht selber, rief pro Kakifrucht: »O wie süß!«, vergaß sowohl seinen eigentlich Unegoismus wie ganz da unten

Ryokan Daigu: »Butterblumen feiern den Buddha!«

die darbenden Kinder, bis sie sich meldeten und er ihnen dann doch noch was pflückte – sehr glaubhafte Episoden, am Nimbus zupfend, aber irgendwie herzrührend. Ryokan wanderte als genau jener hemdsärmelige Erleuchtete und heilige Trottel herum, als der er tatsächlich herumwanderte. Normale Bettler bettelten gezielt bei betuchteren Leuten; Ryokan voll Gerechtigkeitssinn bettelte auch in Slums, bei Fischhändlern, in Bordellen und auch bei Hachiman-Schreinen, also betont vorbuddhistischen, d.h.

shintoistischen Orten. Der ihm zugeschriebene Ausspruch »Ein buddhistischer Mönch sollte so unaufdringlich um Almosen bitten, wie Mondlicht, das friedvoll über ein Feld wandert«, stand aber schon bei Buddha. Als er mal beim Betteln Fisch bekam und Fisch aß, zum Entsetzen seines mitbettelnden, streng vegetarischen Kompagnons, blieb dieser bei der anschließenden Übernachtung wegen unmäßiger Flohbisse schlaflos; Ryokan aber schlummerte seelenruhig quer durch die zerstochene Nacht und erklärte das dann so: »Daß du keinen Fisch ißt, danken dir die Flöhe nicht; ich, der ich Fisch esse, laß dafür die Flöhe sich auch an mir sättigen.« Bei der Teezeremonie nahm er gedankenverloren einen zu großen Schluck, zuungunsten seines nun leer ausgehenden Sitznachbarn, besann sich sofort und ließ den zum Glück noch nicht runtergeschluckten Schluck ins weiterzureichende Täßchen zurückfließen, das nun der Nachbar anstandslos an den Mund setzte, nicht ohne vorher im Inneren um den Schutz des Buddhas zu beten. Ein andermal holte Ryokan einen trocknen Popel aus seiner Nase, versuchte ihn unauffällig zu seiner Rechten abzulegen, wo der Mitgast empört den Ärmel zurückzog, genau wie daraufhin der linke Gast, weshalb Ryokan den unanbringlichen, unabstreifbaren Popel kurzerhand in seine Nase zurücksteckte.

Alles, was ihm einer berichtete oder vorflunkerte, hielt der zum Lügen unendlich unfähige Ryokan – blauäugig im Übermaß – für Wahrheit. Einer erklärte ihm, bunaro (reifender Reis) komme etymologisch eigentlich von »brüllen«, da lief Ryokan nächtelang mit gespitzten Ohren durch Reisfelder. Aus dem Wind hörte er – wie es sich für Mystiker gehört – immerhin zehntausend Generationen hervorflüstern. Seine schier dschainistische Liebe zu den zehntausend kleinen Dingen führte entsprechend weit: Zupfte er sich aus seinen Schamhaaren Läuse, setzte er sie behutsam, auf daß sie nicht frieren mußten, in die Abendsonne. Unter seinem Holzbalkon entdeckte er drei Bambusschößlinge, die andere Hausbewohner ausgerissen hätten; er aber bohrte drei Löcher ins Holz und sagte den zarten Trieben dann: »Sobald ihr dann ans Dach stoßt, mach ich euch drei Löcher ins Dach!« Als er später aber mit einer Kerze Löcher ins Vordach schmoren wollte, brannte er aus Versehn die halbe Behausung nieder. Gleichwie aber Franz von Assisi aus seiner Liebe zur Schöpfung einzig das Schwein brutal ausklammerte, so gab's drei Dinge, die Ryokan nicht so recht mochte: Gekochtes von Köchen, Gemaltes von Malern und Gedichtetes von Dichtern. Seine eigenen Gedichte klangen – statt nach Dichtung – sehr lebendig, sehr erlebt. Naturlyrische Muster der Tang-Dynastie verquickte er mit Termini buddhistischer Spekulation, à la »mushin«, übersetzbar mit »leerer Geist«, aber genauso mit »absichtslos«. In ein Haiku, einen vorbeihuschenden Dreizeiler, paßte noch weniger hinein als in ein Waka, einen halb so schnell wie Haiku vorbeihuschenden Fünfzeiler. Ryokan verfaßte auch Kanshi und drückte sich auf Chinesisch unbekümmerter aus als auf Japanisch. Sein künstlerisches Ziel als Kalligraph: selbst noch die Striche abgenutzter Pinsel wie Pflaumenblüten duften zu lassen. Oft wußte er nicht, warum er so überaus oft Tintenstein und Pinsel hervorzog, doch wußte er, daß Buddha den Grund wußte. Hatte er für seine Tuschpinselei kein Papier greifbar, bepinselte er alles mögliche, auch mal einen Papierdrachen. Sein Barbier ließ sich die Entfilzung der wilden Frisur mit talismanischer Pinselkunst bezahlen. Als sich ein schwunghafter Kleinhandel entwickelte, ließen gewiefte Zwischenhändler ihn auf alles irgend Bepinselbare pinseln. Bisweilen tauschte er mit seinem Bruder Tachibana Yoshiyuki (1762–1834), dem Bürgermeister von Izumozaki, dessen Familienbesitz wegen Veruntreuung öffentlicher Gelder konfisziert wurde, Gedichte aus, über Freudenmädchen und die kommende Welt. Kam Keizan, der Vorsteher von Ganjo-Ji, zu Besuch, oder sein Bruder, nippten die lustigen Greise ganztägig Reiswein, prosteten dem Yahiko-Berg zu und lachten sich krumm und dämlich. Als Ryokan bei seinem Freund Yamado Toko übernachtete, fühlte er sich von einem gemalten Tiger auf dem Wandschirm angeknurrt, knurrte umgekehrt den Tiger an, auf allen vieren, umschlich ihn fauchend, steigerte sich rein und bat dann peinlich berührt die Dame des Hauses, die ihn dabei erwischte, das bitte nicht weiterzuerzählen, da man ihn sonst für verrückt halten würde. Obwohl sie ihm Stillschweigen versprach, kursierte die Tiger-Geschichte alsbald überall und wanderte zentral ein in die Vita Meister Ryokans. In seiner Ärmeltasche trug er stets einen Wollball (anders übersetzt: Stoffball) bei sich, um damit mit den Kındern, die er vielleicht irgendwo treffen würde, spielen zu können. Leuten, die kopfschüttelnd mit Fingern auf ihn zeigten, und sich fragten: »Was kann der Grund sein für solche Narrheit?«, antwortete der Narr, ohne weitere Erklärungen abzugeben, mit einer tiefen Verbeugung. In seinem Gärtchen zog er liebevoll Löwenzahn, Seidensträucher, Bananen, Winden, Wasserdost, Astern, Dreimasterblumen, Taglilien, Suzukigras (Poaceae eulalia), und mußte miterleben, wie ein Wind alle Reben und Blumen zerzerrte, umwarf, niederhämmerte. Eine einsam verdrehte Krüppelkiefer kam ihm im Regen so benachteiligt vor, daß er ihr mitleidvoll seinen Strohhut aufsetzte und Strohmantel umhing und dann gleich ein Waka oder Haiku draus machte. Wenn er nicht versunken dem Nieselregen lauschte, versank er lauschend in den hinterherkleckernden Tropfen, die vom Dachvorsprung seiner Hütte tropften. Wenn er lautlos fallenden Blättern lauschte, meilenfern üblicher weltlicher Verstrickungen, spürte er vollendetes Glück, wieso dann aber flossen ihm gleichzeitig Tränen? Normalerweise, wenn er weinte, weinte er weniger um seine mujo (gefühlte Vergänglichkeit) und seine kokorobososhi (Einsamkeit) als um die Verstricktheit seiner Mitmenschen. In seiner Hütte lebte er eine Zeit lang mit einer fetten verschlafenen Katze und einer Maus zu dritt, mit deutlichen Sympathien eher für die Maus. Daß sie Behälter zerfraß, verzieh er der Maus; denn ein Behälter ließ sich leichter ersetzen als eine Maus. Einer geschenkten Vase vertrieb er deren Einsamkeit, indem er sie überaus häufig von winzigen Staubflocken befreite und mit dieser Tätigkeit wiederum seine eigene kokorobososhi vertrieb. Bei Vollmond las er natürlich bei Mondlicht, aber bei Neumond und Mondfinsternis mußte er zur Johanniskäfer-Lampe greifen. Einerseits liebte Ryokan alle Kinder und Tiere, andererseits mußten in so einer Lampe, um lesen zu können, hundertfünfzig Leuchtkäfer eingesperrt werden. Einerseits redete er nie schlecht über andere, außer über einen eingebildeten Dorfvorsteher, der sich eine prunkvolle Residenz bauen ließ, andererseits ließ er gelegentlich Worte los wie »affektiert wie ein Künstler oder Teemeister« oder Seitenhiebe auf andere Wahrheitssucher, die sich wortreich und gedankenmächtig im Kreis zu drehn schienen. Er ahnte, daß die Darlegungen der geschwollenen Köpfe gelehrt sich spreizender Buddhapriester, dies sei Illusion und jenes Wahrheit, irgendwie an der Wahrheit vorbeischossen. Selbst stimmige Theoreme führten schnurstracks – oder auf Umwegen – in Sackgassen hinein. Die Kunstworte und Zentralbegriffe derer, die gewandt und kunstreich über Erleuchtung plapperten, hielt er für zerpflückbar. Sobald er aber selber Gedankliches in seine Verse einfließen ließ, kam er gleichfalls um eine gewisse zerpflückbare Gedankenlyrik nicht ganz umhin: »Wind ließ nach; Blüten fielen ab; Vögel verstummten; Berge dunkeln – dies ist die wundersame Kraft des Buddhismus!« Er nahm sich vor, keine eleganten Ausdrücke zu verwenden, Kinder nie anzuschreien, bei Ärger zu verstummen, nicht ständig große Namen fallenzulassen (kein name dropping), Menschen, mit denen er sprach, hierbei nicht zu übersehen, nie von Thema zu Thema zu springen, nicht zu gestikulieren, weder zu schnell noch zu viel zu reden, nie herablassend zu lächeln, Gebete nicht großtuerisch abzuleiern, und hielt sich sogar dran, an diese seine Regeln. In seinen Lebensregeln stand nicht: Betrinke dich nicht!«, sondern »Wenn du betrunken bist, werde nicht redselig!« Zeitweise legte er, umgetrieben als Grübler, allerlei Leuten eine Frage vor, die ihn umtrieb: »Wo wird das Karma geboren? Wo kommt die allererste Ursache her?« Als ihm das keiner befriedigend beantwortete, schrieb er die Frage auf einen Reiskeks und gab sie einem jungen Hund, aber selbst der wollte das Rätsel nicht knacken.

Wieso im davontröpfelnden Zeitstrom seine Gedanken zeitweise sich anhalten und festhalten konnten, darüber wunderte er sich sehr. Abgefallene Kirschblüten kamen alle ein Jahr später wieder, Blüte für Blüte; aber bestimmte Kinder, die an einer Pockenseuche starben, kamen nicht wieder. Zwanzig Jahre nach dem Tod seines Schülers Saiche träumte er, wie er ihn wiedertraf auf wackliger Brücke unter dunstig verschwimmendem Mond. Dann kam ein solch kalter Winter, er saß alt und müde mittendrin, nippte an Haferschleim, ohne Hoffnung, sich bis zum Frühling noch durchzubeißen, unfähig, weiterhin Reis zu erbetteln; stille Versenkung half auch nicht weiter; trotz klammer Finger gelang es ihm noch, ein paar Gedichte zu pinseln, gewidmet längst verstorbenen Freunden. Er mußte seine Einsiedelei aufgeben, humpelte frierend davon, guckte sich dauernd um, schlüpfte bei einem Freund unter, lebte doch noch jahrelang, kehrte zu den überwachsenen Stufen seiner Hütte zurück, wo in den zerborstenen Wänden voll Spinnweben jetzt Fuchs und Kaninchen wohnten, getaucht in einsames Grillengezirp.

Mit 69 verliebte er sich in die 29jährige Nonne Theishin, und sie in ihn. Man tauschte Briefgedichte, spielte zusammen Stoffball und meditierte gemeinsam. Er führte sie zur Erleuchtung, und sie pflegte ihn während seiner erbärmlichen tödlichen Durchfallerkrankung. Bis zum Schluß stammelte er noch Haiku über Ahornblätter, die vom Licht ins Dunkel flatterten.

Theishin trug postum seine verstreuten Kurzgedichte zusammen, zwischen 1400 und 1800 Stück, bündelte sie in der Sammlung Hasu no tsuyu (Tautropfen auf einem Lotosblatt). Andere tradierten Ryokan-Anekdoten, ohne der Haupttägigkeit unterwürfiger Legendenbildung – Fleckenentfernung – zu frönen. Schusslige Kinkerlitzchen wurden, statt ausgeklammert, liebevoll mitgenommen, zum Glück, und standen seiner Erleuchtung kaum im Weg. Im überregionalen Rückblick ließ Ryokan die Kindlein zu sich kommen, fernab von Pädagogik und Pädophilie, mit Filippo Neri, Fürst Myschkin, Janusz Korczak, Sutherland Neill, Michael Jackson. Obwohl der Jahrgangsgenosse Friedrich Schillers, der ein Jahr vor Goethe starb, die gesamte, eurozentrisch sogenannte Goethezeit umspannte, teilte er mit Klassikern und Romantikern des 19. Jahrhunderts kein zeitgeistbedingtes Detail, höchstens Sehnsucht zurück in vergoldete Vergangenheit. Weimarer Klassiker suchten das Land der Griechen mit der Seele, Romantiker katholisches Mittelalter, Meister Ryokan kleckerte den Blütezeiten buddhistischer Weisheit und Tangzeit-Naturlyrik hinterher. Goethes Faust rief aus: »Könnt ich zum Augenblicke sagen: / Verweile doch, du bist so schön«; Ryokan notierte: »Die Zeit war wunderschön. / Da faßte mich Verlangen, / den Frühlingstag anzuhalten / in seinem schnellen Flug.« Im nüchtern umtriebigen Zeitalter von Massenheeren, Zentralismus, Kolonialismus, industrieller Revolution, Kriegsflotten, Unabhängigkeitskriegen, Austerlitz, Auerstedt, Preußendrill, Empire, Clubgründungen, Dachverbänden, Dampfschiffen, Presseskandalen, Sozialutopien, Chemie und Gaslicht entrollte der japanische Wanderdichter der Wälder und Blumen, der Freund der Kinder und Landleute, weiterhin ungestört naturverbunden seine Rollbilder im Schein einer vorindustriellen Glühwurm-Laterne, wesensverwandt mit Issa, Han Shan und Christian Wagner aus Warmbronn. Windgeschützter als ein Zen-Gärtlein zwischen dröhnenden Hauptverkehrsadern in Kyoto, der alten Hauptstadt, hielt Ryokan seine Bettelschale auf wie ein Urbuddhist 500 v.Chr. Durch Soma Gyifu (gestorben 1950) wurde Ryokan in ganz Japan bekannt; Koji Nakano machte Ryokan in »Philosophy of Honest Poverty« ab 1990 zu einem Kulthelden. Die Gemeinde Izumozaki baute auf dem Familienbesitz Ryokans einen Kinderspielplatz.

Worte von Ryokan: Bitte verwechsel mich nicht mit einem Vogel, wenn ich über deinen Garten herfalle, um Kirschäpfel zu naschen. – Überall herrscht heute Verwirrung; / die Leute können einen Felsen / nicht von einem Juwel unterscheiden. – Wie schmerzlich, Menschen zu sehn, völlig verstrickt in sich selber. – Klebe an der Wahrheit, und sie wird falsch.

Ryokan über sich selbst: Ich lebe hier in der Nähe meines Geburtsortes und bin der einzige, der nichts zu tun hat. – Ich liebe die Reinheit und Ehrlichkeit meines Bambus und wünsch ihm, daß er hier immer gut gedeiht. – Wie ist wohl mein Karma verbunden mit Pinsel und Tintenstein? – 10000 Türen stehn für mich offen, und 1000 Tore. – O wär nur meine Flickenkutte weit genug, all die leidenden Menschen dieser zerfließenden Welt aufzunehmen! – Unnötig zu sagen, daß meine Hütte so leer ist, wie sie nur sein kann. Was ich dir jedoch anbieten kann: ein Fenster voll berauschender Luft! – Ich würde diesen Schatz / jedem kostenlos schenken, / aber kaum jemand / fragt danach. – Ich pflück Persimonen, / während Herbstwind / meine Hoden kühlt. – Wenn die Dämmerung zu lächeln beginnt, / wird eine Frau kommen / und meine stinkende Bettwäsche waschen. – Gestern ging ich zum Tempel, heut zum Doktor. – Zu schnell hüpfte die Zeit vorbei, / seit Ehrgeiz mich trieb, / als Anfänger bettelnd durchs Land zu ziehn / im Glauben an große Gelehrte den Himmel zu finden. (Fächeraufschrift) – Also hab ich Leben und Tod in eine Pille gemischt, die ich einem Totenschädel gab. – Eines Tages werd ich ein verwitterter Totenschädel sein, der auf Graspolster ruht und dem ein oder zwei verirrte Vögel ein Ständchen singen.

Andere über Ryokan: Weltliche Menschen bezeichnen ihn sehr verschieden: als einen Narren, einen Weisen, einen Idioten, einen Menschen des Weges. Er hat nie den Reichen und Mächtigen geschmeichelt oder die armen und einfachen Leute verachtet. (*Suzuki Bundai, Ryokan-Freund, –Biograph, Herausgeber, 1796–1870*) – Wenn Ryokan kommt, so ist es, als sei der Frühling an einem Wintertag gekommen. Sein Wesen ist rein, und er ist ohne jede Verstellung. So ähnelt Ryokan den Unsterblichen der alten Zeiten aus Dichtung und Religion. (*Ugan, zeitgenössischer Zen-Mönch*) – Wenn wir einen Ryokan verstehen, dann verstehen wir hunderttausend Ryokans in japanischen Herzen. (*Daisetz T. Suzuki, 1964*) – Oft saß er am Waldrand und suchte durch Meditation mit der mächtigen Natur eins zu werden. (*Prof. Jakob Fischer/Dr. Erich Bauer, 1981*) – In seinen Gedichten verwirklicht Ryokan eine Zeile aus Rilkes Stundenbuch: »Nichts ist mir zu klein, und ich lieb es trotzdem.« (*David Steindl-Rast, 1999*) – So sehr die Possen dieses Mönchs auch unseren Sinn für Romantik ansprechen mögen, ist ihre Relevanz für das Leben in einer Stadt von heute auf den ersten Blick nicht gerade offensichtlich. (*Andrew Juniper, 2003*)

Nix G'wiß woas ma ned – der putzige Postbringer von München

Finessensepperl – Liebesbote, Stadtnarr, Lokalheiliger (1763–1829)

Josef Huber, Kutschersohn normalwüchsiger Eltern, geboren angeblich im Haus Petersplatz 8, das bis 1807 zum Dechanthof der St.-Peter-Pfarrkirche gehörte, wurde aus damals unerfindlichen Gründen nur 1,50 cm groß, damit nur 16 cm unter der damaligen Durchschnittsgröße von 1,66 cm, also bei weitem kein Zwerg, kein Liliputaner, sondern allenfalls minderwüchsig, eine bloß leicht maßstabsverkleinerte Figur, die bald überall auf den Kosenamen »Finessensepperl« hörte. Als erwachsenes Männlein verdiente er oder es seinen Lebensunterhalt als Briefträger, so daß er schier zum Erfinder der Stadtpost von München aufrückte, spezialisiert vor allem auf die Überbringung guter Nachrichten, ja: froher Botschaften, aber statt religiösen – amourösen Inhalts.

In allen Stadtteilen Münchens als postillion d'amour unterwegs, ein Körbchen mit doppeltem Boden am linken Arm, die Liebesbillette ganz unten und obendrauf seine Wegzehrung, rief der oder das Finessensepperl jedem, der vorüberging, mit verschmitzter Miene leise ein »Grüaß di Good« zu. Im Korb trug er des weiteren ein Suppenhaferl, womit er sich allmittäglich im Heiliggeistspital zur Klostersuppe einfand. In allen Häusern, meist denen oberer Schichten, hatte er Zutritt. Bei schwierigen Adressen, verzwackten Hinterhoflabyrinthen, fand schlaue List stets heraus, wo das Briefl abzugeben sei. Er galt als nicht unpfiffig, ja: schlau, schien aber zunächst das Gegenteil zu sein. Nicht lesen konnt' er und nicht schreiben und verstand sich irgendwie trotzdem darin, wenigstens im Portozählen. Mindestporto: 6 Kreuzer. Nie pflegte der Finessensepperl zu betteln; doch seine Miene drückte hinlänglich aus, was er nicht sagte, und reichlich flossen ihm, besonders bei günstigen Antworten, von den beglückten Auftraggeberinnen freundliche Gaben zu, oft das Zehnfache, nebst Trinkgeld und leckeren Naturalien. Ertappte man ihn, einen Liebesbrief zu übergeben, tat er so, als bringe er nur Rettiche: »Koan Liebebsrief hab i, san grod Radi, da muß i schon bitten sehr um Gnadi, do kinna S'no den Kreuzer sehn. Mehr bring i net mit Radi z'weg'n!« Gefragt, wo er wohne, sagte er: »Drei Stiagn obern Kamin«; was nicht ganz stimmte, da er in einer Auer Herberge hauste, die seinem Onkel (namens Zahnweh) gehörte. Auf allzu neugierige unanswered questions antwortete er: »Nix G'wiß woas ma ned«, was Heiterkeit erregte und bald aufstieg zu einem Lieblingssprichwort der Münchner. Ob er auch Abweisungen, Körbe und Hiobsbotschaften überbrachte, geben die erreichbarsten Quellen nicht bekannt; seine Beliebtheit litt jedenfalls nicht.

Alle liebten seine »drolligen Einfälle«. Er seinerseits liebte die »rote Nanni«, eine vergleichbare Törin, der oft schreiende Buben nachliefen. Zu ihren Namenstagen gingen die Nanni und Sepperl stolz in allen Straßen umher, mit Blumen geschmückt, und ließen sich gratulieren. Jeder kannte sie, vom König bis zum Bettler. Sie wurden zu Grundheiligen der Isarstadt. Die Münchner ließen nichts kommen auf ihren Finessensepperl; lediglich ein norddeutscher Buchautor namens F. Gelting äußerte sich naserümpfend distanziert, verunglimpfte das herrliche Kerlchen als »besonders merkwürdiges Schaustück aus dem Thierreiche«, als nicht sehr nachahmenswürdig, und »zu keiner feineren Empfindung fähig, als die, die die Befriedigung der thierischen Bedürfnisse gewährt«. Bald hatte sich das Schaustück ein Kapital von 200 Gulden erspart. Am hellen Tage ward er in seiner Kammer, als es seine Tageseinnahmen zählte, von einem überfallen, der ihn erdrosseln und berauben wollte, doch kraft wackerer Gegenwehr konnte das schmächtige Opfer den Angreifling in die Flucht schlagen. Der Schreck warf ihn auf's Krankenlager, acht Tage lang, so daß unter Münchens frisch Verliebten Jammer ausbrach, weil nun ihre Liebesschwüre dem unfreiwilligen Poststreik zum Opfer fielen. In späteren Jahren litt der Postillion an schwerer einseitiger Arthrose und dem Ausfall aller Zähne, außer einem einzigen.

Bei seinem Ableben – manche sagen mit 53, andere mit 66, jedenfalls an einem 26. April – bestand des Finessensepperls Hinterlassenschaften aus 60 Kronenthalern. Im Rückblick steht er als einer von vielen Münchener Stadtteiloriginalen In einer langen Ahnengalerie-Reihe mit trinkfesten Kapellmeistern, Sprücheklopfern, Hofbräustammgästen, G'schaftlhubern, Lohnkutschern, Hausiererinnen, fröhlichen Zechern, Reklamegenies, Lokalmatadoren, Tausendsassas à la Ratzenklauber von 1480, Peter Fleckerl von 1580, dem Flinserlschlager, der Fuchsbarbl, dem Quastlmeier, der Nußkathl, dem Pfarrer von Feldmoching, dem Trambahnpfeiferl bis hin zum 110jährigen Väterchen Timofej vom Olympiastadion. Im bajuwarischen Biotop ahnte damals wohl kaum einer, mythologisch unterinformiert, daß zudem das Finessensepperl, über sein Lokalkolorit hinaus, eine archetypische Rolle als Bote spielte, die im Orient Hudhud, der Wiedehopf, übernahm, sowohl im Koran wie in Goethes Westöstlichem Divan, klein und flink zwischen verliebten Häusern verkehrend; bereits damals, zwischen Bathseba und König David, machte Hudhud den Kuppler. Daß Boten wiederum innerhalb von Religion als Engel auftreten, mochte halb unbewußt in den Auftritten des Finessensepperls mitschwingen. Doch stets auf glücklicher Sonnenseite, im grünen Bereich, nie mit Trauerrand als Todesbote und Hermes psychopompus. Sein 1,45 cm großes Skelett ward alsbald in der Anatomie ausgestellt, später in das 1859 gegründete Pathologische Institut der Universität überführt und 1991 radiologisch untersucht, wobei die Ursachen des Minderwuchses nicht mehr verifiziert werden konnten (dafür wurde eine überzählige Rippe entdeckt). Diagnostisch ausgeschlossen wurden: primordialer Zwergenwuchs, Osteochondrodysplasie, Speicherkrankheit, Kretinismus, Rachitis, Mangelernährung, sondern eine Störung der Wachstumshormonproduktion wurde vermutet. Eine Klavikulafraktur wies wahrscheinlich auf jenen diebischen Überfall oder Mordanschlag hin. Jedenfalls sah er entschieden größer aus als Vergleichszwerge wie die Maler Adolph von Menzel und Toulouse Lautrec, als Blechtrommler Oskar Matzerath oder der weltberühmte contergangeschädigte Baßbariton Thomas Quasthoff oder die beiden altägyptischen zwergwüchsigen Kleinmänner an des Wedelträger Potiphars Hof, Kleiderwart und Vorsteher Dudu und Se'ench-Wen-nofre-Neteruhotpe-em-per-Amun, aus Thomas Manns »Joseph und seine Brüder«. Bis heut kann eine (65 cm hohe) Lindenholzfigur des Finessensepperls im Stüberl des Valentin-Musäums in München besichtigt werden, und unter dem Torbogen des Karlstors am Stachus guckt eine maschendrahtgeschützte Steinstatuette auf hochguckende Touristen listig herunter, zusammen mit drei anderen als schutzpatronförmige Viererkonstellation, mit Hofnarr Prangerl, Kapellmeister Sulzbeck und Franz Xaver Krenkl, bildet da Finessensepperl ein Gegenquartett zu Matthäus, Markus, Lukas und Johannes. Den Narratoriumseintrag von 2008 übersetzte die Wikipedia kongenial ins Bayrische.

Andere über den Finessensepperl: – Er war ein kleines schmächtiges Männchen, war stets mit einem schwarzen ledernen Käppchen und kurz geschnittenen Spenzer bekleidet, gewöhnlich trug er einen kleinen Armkorb und einen Hafen mit sich. (*Münchener Stadtchronik, 26.4.1829*) – Mischung aus Schalk und Narren, im Gewande eines Pulcinets mit grauen Haaren, oder vielmehr ohne Haare, mit etwas Diebsgelüst versetzt. (*Ch. Müller, 1816*) – Ein Beispiel dafür, wie selbst ein schwaches

Gemüt in die Originalität hineinwachsen und zur Ehre kommen kann, durch die Kunst verewigt zu werden, denn der berühmte Johann Georg von Dillis hat diesen krischperldürren Untertreiber gemalt. *(Karl Spengler, 1974)* – Unzählig sind die Anekdoten, die man sich von ihm erzählt. *(Elisabeth und Erwin, 1977)* – Er hod imma genau gwisst, wiavui Kreiza er ois Lohn kriagt hod. Bettlt hod a nia, oba sei Gsichtsausdruck hod Bände gsprochn, so hod a oft s Zehnfoche vo dem kriagt, wos a ois Porto valangt hod und a guads Essn no dazua. *(Wikipedia 2012)*

Vom Postboten
zum Stadtheiligen

Zuspätromantik als realpolitisches Kuckucksei

Ludwig II. von Bayern – Märchenprinz, Bauherr, Wagnerianer, Schwanenritter, Mäzen, Lust- und Luftschloßarchitekt (1845–1886)

Schon als Kleinkind, geboren auf Schloß Nymphenburg, aufgezogen von Gouvernanten und Hofmeistern, spielte der Wittelsbacher bevorzugt mit Bauklötzen und übte sich im Schwänefüttern, verwöhnt von übertrieben serviler Dienerschaft. Zornausbrüche züngelten selten aus dem Weichling hervor, der achtjährig in Berchtesgaden sein geknebeltes Brüderchen Otto hinrichten lassen wollte. Anfällig für Ritterburgromantik à la Hohenschwangau, Rinaldo und Armida, öffnete dem Kronprinzen 1861 die Mär vom weichstrahlend umflossenen Schwanenritter Lohengrin in A-Dur-Glanz Ohren und Herz; Ludwig weinte und versank in einer Entrückung, worin er lebenslang verblieb und woraus er immer seltener und widerwilliger erwachte. Nach dem Tod seines Vaters 1864 erstmals »Majestät« angeredet, zuckte er erbleichend wie unter einer Peitsche und versuchte sich – militärisch ohne Vorbildung – herumzudrücken um Grußreden, Kranzniederlegungen, Heerabschreitungen, Schutz- und Trutzbündnisschließungen, Feldzugsabzeichenverleihung, Mobilmachungsbefehle. Der nicht ohne mimosenhaftes Ehrgefühl Veilchenbowle und Ausritte liebte und dessen dunkelsamtene Augen bei gespiegeltem Feuerwerk – im Starnberger See – feucht aufleuchteten, delegierte fast alle profanen Amtsgeschäfte an Ministerpräsidenten, Kultusminister, Kabinettsekretäre. Statt Machtwillen, Administration, Regierungskunst – holde Kunst, zarte Einsamkeit, Seele, Geist, Anmut, Würde, Egmontlektüre, Träumerei im Mondlicht, namenloses Weh. Das absolute Gegenbild echt urbayrischer Untertanen in ihrer Welt aus Hofbräuhaus, Lederhose, Metzgersprung, Turnverein, Wehrpflicht und Preußendrill, bewegte sich – 1,91 m hoch – in eigentümlichstem Stelzvogelgang durch die Paläste, ein Apoll und keuscher Joseph, ein Lämmchen im Löwenornat, feinziselierte Mundzeichnung, unbetontes Kinn, ein Antlitz, kaum auf bildschöne Idealisierung angewiesen, ein tropisches Unikum. Hofleben war ihm widerwärtig, Soldaten- und Pfaffentum verhaßt, Adel lächerlich, Volksmassen verächtlich – allenfalls Ritterschlagszeremoniell führte er halbwegs gern aus, von mittelalterlichem Goldglanz umflort. Aus Geschichte lernte er, daß Vergangenheit atmosphärisch wiederzubeleben wäre. Im Meicost-Ettal trank er

Zuspätromantik als realpolitisches Kuckucksei 141

vereinsamt den silbernen Gestalten der Vorwelt zu, Bourbonenkönigen, imaginären Gefährten. Rätselvoll schwankend, boykottierte der Schattenkönig die 1867 angebahnte Traumhochzeit mit seiner Cousine Sophie von Bayern kurz nach der Verlobung. Geheimen Tagebüchern vertraute er seine Kämpfe, Gebete und Beschwörungen gegen Berührungen mit Offizieren und Stallmeistern an, und gegen Selbstberührung, erneuerte Reinigungsgelübde, und erging sich pro Gelegenheit in Abdankungsphantasien, öfter, als die königliche Familie ohnedies Thronwechsel und Entmündigung diskutierte. Nach dem Wappentier Schwan kam das Wappentier Pfau. Einem Hirtenbuab, der ihm die Uhrzeit nicht nennen konnte, schenkte er eine goldene Uhr. Hypochonder und Märchenonkel wie H.C. Andersen, kreiste Ludwig um Prachtbauprojekte, historisches Schauspiel, Musiktheater. Das pragmatische Zeitalter – alles wesenloser Schein und Unsinn vor der tönenden Seelentiefe göttlicher Wagneropern. Briefe an Richard Wagner schrieb er eigenhändig und für einen König atypisch undistanziert, euphorisch, exaltiert, verstieg sich als abgetönter Tristan in Anbetung und Sterbemystizismus. Sucht nach wahrerem Leben, mit einem Bein, oder beiden Beinen heillos im Sirup schöner alter Zeit steckend, peitschte sich in künstlichen Paradiesen auf. Wunscharchitektur konnten Karl Friedrich Schinkel, Moritz von Schwind, Karl Wilhelm Diefenbach, Fidus, Albert Speer nur in Büchern, Bildern und Träumen hochziehn, einzig dieser König vermochte kraft seines Amtes Luftschlösser 1:1 umsetzen, belächelt, aber jahrelang relativ ungehindert. Traumschaumgeborenheit schlug um in reelle Steinwerdung. Kurz bevor das Wort Kitsch aufkam, toppte Ludwigs Kunstwollen und Bauwut, die in Baufieber überging, jedes und alles, was an Porzellan-Nippes und kandiertem Tand später kleinformatig alle tränenden Herzen wärmte, und beschämte sogar manch stilechte Baukunst. Tonkünstler Richard Wagner sah in seinem königlichen Gönner den inkorporierten und potenzierten deutschen Volksgeist. Urdeutsche Innerlichkeit goß sich auf- und umgestülpt in handfesten Chimären aus, stabiler als Potemkinkulissen, vorhandener als Piranesifronten und Scheerbart-Glasarchitektur, schöner, rührender als Hindutempel oder Antoni-Gaudi-Kathedralen. Weil eine echte Marmorgruppe sich als Gips herausstellte, zertrümmerte er sie mit dem Regenschirm. Chinaäpfel aufgereihter Tropenbäumchen – mit Draht statt Stiel – feuerte der König in die Spiegel. Der Märchenkönig litt an der Kulissenhaftigkeit seiner Aufbauten. Ausgabenerhöhung sollte die Scheinwelt noch echter machen. Termingerecht, kurz nachdem bzw. bevor der Untergang abendländischen Seelentums vordatierbar heranrollte, ritt Ritter Ludwig als Don Quixote gegen die Windmühlen neuzeitlicher Nüchternheit an bzw. baute in die Landschaft, die opferbereit ihrer Entzauberung, Zersiedlung und Verschandelung harrte, wundervollst beleuchtbare Windmühlen, feudale Gegenprogramme gegen die Versicherungspaläste und neugotischen Fassadenbahnhöfe des pompös eklektizistischen Nachbiedermeier-Zeitalters, vorausahnbare, noch nicht vom Plüsch und Stuck und Zierat befreite konstruktivistische Mietskasernen, Betonblocks, Plattenbauerei der Nach-Gründerzeit u.s.f. Das schwanenfittichweiße Neuschwansteiner Dornröschenschloß, das als Gralskopie mit Thron- und Tannhäusersaal am Styl ächter teutscher Ritterburg nahtlos anzuknüpfen wähnte, stieg auf siebenhundert Jahre nach der guten alten Ritterzeit, aber bloß siebzig Jahre vor Freizeitpark & Disneyworld, ließ also selig nachhinkend eine Generalprobe fürs flamingorosarote Cinderella Castle vom Stapel, als Kentauer, als letzte Nachzuckung sterbend nochmal kurz auf sich bäumender, zuspätromantisch bebrillter Spätgotik am unmittelbaren vordemokratischen Vorabend von Sensationsgier und Fungesellschaft. Draperie und Theaterdonner abgesunkener Jahrhunderte goes to Zeichentrick & special effect, Schnittpunkt und asymetrische Koinzidenz vieler Zeiten, inklusive Quasibarock und Postcox-Sonnenstaat-Rokoko, alles bengalisch beleuchtet oder eingeseift, und sowohl Ludwigs Gralsburg, Versailles in Herrenchiemsee, Hundinghütte und Gurnemanzklause, wo man aus Methörnern trank, wie auch orientalisch papageidurchtönte Treibhäuser, wo man Sorbet trank und aus Wasserpfeifen rauchte. Oben im Multikulti-Patchwork: die Oberstimmen einer dünnen A-priori-Patinaschicht aus Traumkitsch in Kerzenlicht und Fackelschein, unten im Mineralreich: Heizräume, sanitäre Anlagen, Maschinenhallen, 25 Dynamomaschinen für die Ausleuchtung der Blauen Grotte, einer künstlichen Tropfsteinhöhle, die gesamten Anlagen grundiert und unpoetisch gestützt von Eisenträgerkonstruktionen und konstituiert durch Elektromotoren von Siemens. In der Weltausstellung 1867 stand Pferdefreund Ludwig so anachronistisch vor dem neuerfundenen Wolkenkratzer-Lift, wie Ludwig Richter 1869 vor Claude Manet. 1873 rettete der Monarch die Herreninsel im Chiemsee durch Ankauf vor Holzspekulanten. Im Residenztheater fühlte Ludwig sich von den Opernguckern der Gesellschaft derart beglotzt und von Wagnertuttis abgelenkt, daß die Königsloge mit Seidenvorhängen verhängt werden mußte, was nicht genügte, bis es zwischen 1872 und 1885 zu 209 Separatvorstellungen kam, nur für den gedanken- und traumverlorenen König, der inzwischen 120 kg wog. Nach der vierten Tristan-Aufführung zog der heimkehrende Bilderbuchkönig die Notbremse seines Extrazuges, um nächtliche Waldluft einzuatmen. Minister, die dringend sein Signum brauchten, suchten ihn vergeblich auf seinen Berghütten. Der Mondkönig verzog sich zunehmend in seine nächtliche Einsamkeit voller unsichtbar gemachter dienstbarer Geister. Stilisierung und Pose legte er auch als verlorene Seele im Mondlicht nicht ab. Doch punktuell verstreute Traumrealisierung genügte nicht ganz: Zusammenhängendere Ludwigworld ward schmerzlich vermißt und auf Zypern, Kreta, der Krim und den Kanarischen Inseln im Auftrag des Königs Zusatzterrain erkundet. Ludwig entwarf ein Reich, weniger von dieser, als von seiner Welt. Die Finanzierungsfrage beantwortete er flüsternd: »Indem wir Bayern verkaufen.« Er erwog Banken zu berauben, um Raubritterburgen bauen zu können. Vierzehn Schnitzer schnitzten vier Jahre lang an Ludwigs neugotischem Schlafzimmer. Ein angedachter chinesischer Winterpalast konnte nicht mehr angegangen werden. Lakaien, Zeugen, Minister, Untergebene, die ihn, wie vorher Bruder Otto wegen geistiger Umnachtung, zu entmündigen strebten, wollte er peitschen, Haut abziehen, je ein Auge ausstechen. Verfrühter Zahnverfall zog weichgekochte pürierte Speisen der Hofküche nach sich. Zwei Tage, nachdem auch er für geisteskrank

König Ludwig – lieber Kitsch als gar keine Kunst!

erklärt wurde, ertrank er unter Umständen, die nicht in jedem Erklärungsmodell ungeklärt blieben und nach Verfilmung schrien.

Bismarck und Ludwig II. – die ewige Konstellation zwischen Misses Thatcher & Prinz Charles; Mao & Dalai Lama; Pansa & Don Quixote; Pilatus & Jesus, kurz: Realität & Traum. Zwischen tausend Dädalussen bewegte sich so artfremd wie möglich ein Ikarus. Neben Mahatma Gandhi und Gorbi zählte Ludwig II. bald zu den wenigen Politikern mit Sympathiefaktor, also die kaum jemand verachtete, weil sie Mensch blieben. Neuschwanstein bei Füssen, auch ›Neuschwahnsinn‹ tituliert, mutierte zum Tourismus-Magneten wie Mona Lisa, Highdelbörg, Goethehaus und Weimar. Auf Kunstkarten und Postern, in Zeiten abhakbarer Sehenswürdigkeiten, Mountainbikes, Pendelbussen, Jogginglatschen, wurden Parkplätze und zentnerweise Japaner wegretuschiert. Romantik pur fand statt im 30-Minuten-Takt, mit Kopfhörern in zwanzig Sprachen, vornehmlich Mandarin, Russisch, English. Typische Touri-Fragen kamen vom Fließband: »In welchem Land sind wir eigentlich grade?« Oder: »Wieviel wiegt Neuschwanstein?« »Hat der König vor oder nach seinem Tod hier gelebt?« »Wer putzt all die Fenster?«

Worte von Ludwig II.: O, es ist notwendig, sich solche Paradiese zu schaffen, solche poetischen Zufluchtsorte, wo man auf einige Zeit die schauderhafte Zeit, in der wir leben, vergessen kann. – Immer mehr verfinstert sich der Horizont, der grelle Schein der friedlichen Tagessonne martert unsäglich.

Ludwig II. über sich selbst: Ich liebe kein Weib, keine Eltern, keinen Bruder, keine Verwandten, Niemanden innig und von Herzen, aber Sie! Sie, mein Angebeteter, Einziger! – denn aus Ihren Werken einzig erwächst mir die Freude und der Muth, im Erdenleben zu verharren; o wie traurig stünde es um uns, würde nicht durch die Lichtstrahlen der Ideale die finstre, freudenlose Welt erhellt und belebt. – Ich sehne mich sehr nach dem Aufenthalte in frischer, gesunder Luft und in schöner Gegend, denn das eingesperrte Stadtleben ist durchaus nicht meine Sache. – Ich kann keine Illusionen im Theater haben, solange die Leute mich unausgesetzt anstarren und mit ihren Operngläsern jede meiner Mienen verfolgen. – Weh mir, der ich in eine solche Zeit hineingeschneit wurde, in der mir alles vergällt wird. – Daß ich oft von einem wahren Fieber des Zornes und des Hasses erfaßt und befallen werde, mich voll des Ingrimms abwende von der heillosen Außenwelt, die mir so wenig bietet, ist begreiflich; vielleicht mache ich einstens meinen Frieden mit der Erdenwelt, wenn alle Ideale, deren heiliges Feuer ich sorgsam nähre, zerstört sein werden. – Wenn ich nicht mehr bauen kann, kann ich nicht mehr leben. – Daß man mich des Thrones beraubt, kann ich verschmerzen, daß man mich aber für irrsinnig erklärt, überlebe ich nicht! – Ein ewiges Rätsel will ich bleiben mir und anderen. – Man nennt mich einen Narren. Wird Gott, wenn er mich einst zu sich ruft, mich ebenso nennen?

Andere über Ludwig II.: Er ist leider so schön und geistvoll, seelenvoll und herrlich, daß ich fürchte, sein Leben müsse wie ein flüchtiger Göttertraum in dieser gemeinen Welt zerrinnen. (*Richard Wagner*) – Weitausschreitend warf er seine langen Beine von sich, als ob er sie von sich schleudern wolle, und trat dann mit dem

Vorderfuß auf, als wolle er mit jedem Tritt einen Skorpion zermalmen. (*Gottfried von Böhm, um 1867*) – Der Eindruck, den er mir machte, war ein sympathischer, obschon ich mir mit einiger Verdrießlichkeit sagen mußte, daß mein Bestreben, ihn als Tischnachbar angenehm zu unterhalten, unfruchtbar blieb. (*Otto von Bismarck*) – War ihm ein Gast nicht sympathisch, so ließ er große Blumensträuße auf die Tafel stellen, damit der Betreffende vor Rosen und Kamelien kaum zu sehen war. (*Luise von Kobell*) – Der Kini hot a so a scheens G'schau. (Namenlose Bayerin) – Ludwig II., der schöne Wahnsinnskönig, der Riesenwüchsige hatte einen zu kleinen Kopf und ein unterdurchschnittliches Gehirngewicht. 36 Gramm fehlten am Normalen. (*Hans Scholz, 1964*) – Der »Wahnsinn« des Königs läßt sich somit zum größten Teil aus dem subjektiv unlösbaren Konflikt zwischen seinem gleichgeschlechtlichen Liebesverlangen und den religiös-gesellschaftlichen Tabuschranken erklären. (*Bernd-Ulrich Hergemüller, 2002*)

Letzter Späthippie wurde erster Punker

Wolfgang Neuss – Landwirtschaftsgehilfe, Truppenbetreuer, Frontkomiker, Nachkriegssatiriker, Sprücheklopfer, Pointendrescher, Liedermacher, Spaß-Guerilla, Polit-Clown, Querkopf, Anarchist, Trommler, TV-Mann, Sponti, Kiffer (1923–1989)

Als Hansi (*Hans Otto Wolfgang*) in Breslau zählte er Sommersprossen und fragte beim Zirkus Krone, ob sie Clowns bräuchten. Er sah auch mal die Jugendverwahranstalt von innen. Ein Dienstmädchen lutschte ihn, bis er sagte: »Nicht so doll, es juckt.« Schlachterhandwerk lernte er; denn irgendwas mußte der Mensch ja lernen. In der Kaserne parodierte er Goebbels, und im MG-Schützengraben schoß er sich, der das Eiserne Kreuz erhielt, den Finger ab, um ins Lazarett zu kommen. Schon im Flensburger Internierungslager heiterte er auf bunten Abenden minderjährige Kriegskrüppel auf. Von dort zog er – mit Geiger und Leiterwagen – los, trat in Gasthäusern auf; »Lachkalorien« hieß das Programm; man spielte für ein Abendessen. Andere Rauhbeine hatten so ein Wortwitztempo nicht drauf. Sein Glaubensbekenntnis: ein Gag nach dem anderen. Ein längerer Schritt führte ihn auf Profi-Bühnen, Seidenfaden, Haferstengel, Bonbonniere, Stachelschweine. »Kiss me Kate« ergänzte er durch »Schieß mich Tell!« Pressejubel, Kunstpreise, Meinungsaustausch mit Uwe Johnson, G. Grass, H.M. Enzensberger. Arbeitsplatz und Sterbehilfe fand der Spaß- und Krachmacher weitgehend identisch. Er wartete am meisten auf das Ende von Mißverständnissen – aber bitte ohne Kettenreaktionen! Oft entrüstete der Widerling sich über Abrüstungsmängel. Wahlkampf raubte ihm nicht minder den Atem als Smog. Er drechselte sich seine eigenen Halbwahrheiten. Er denunzierte sich als Volksschüler. Er nannte es Schande, kein Neger zu sein. Als sein langjähriger Bühnen-Compagnon Wolfgang Müller – mit dem er Dick und Doof spielte, aber mit I.Q.! – durch Flugzeugabsturz umkam, wartete er trotzdem auf ihn. Da es nur ständige Wiedergeburt gebe statt Tod, müsse der Typ irgendwann wiedergeboren werden. Seine Publikumsbeschimpfung hatte mehr Biß, Drive und Pepp als Peter Handke. Auf der Waldbühne vor 30000 Zuschauern hat er auch mal minutenlang nichts gesagt. Der im Werbefernsehn für Weinbrand, Zigaretten und Strümpfe lächelte, brachte auch mal die Nation in Aufruhr, indem er den Mörder des Durbridgefernsehkrimis vorher per Annonce verriet. Sobald er sich selbst auf die Berliner Klappe schaute, schaute er dem Volksmund aufs Maul. Ob »Zuviel Staat ist ungesund« oder »Passe dich an ans Schlimme – und es wird besser« von ihm oder von Kneipenwänden, aus WCs oder WGs oder Eichborns Sponti-Sprüchen stammte, lief aufs selbe raus. Seine Berlinismen – Pökelknulle oder Atzenschinder – ergänzte er mit Neologismen: Lachkalorien, Bundesnebenverdienstkreuz, Orgasmüsli, Apokalüppke, deutsche Gehirnpygmäenzucht. Der Spaßmeister und Tin-

Wolfgang Neuss und Wolfgang Müller: »Wenn wir nicht Berlin heißen würden, hießen wir Bombay.«

geltangel-Typ, der zum Klamottenkomiker aufstieg, zum Gag-Guru und opportunistischen Medienstar, wurde zum Vordenker und Lautsprecher der 68er Generation. Außerhalb der Bühne verstummte er nie und wurde um nichts unschlagfertiger. Wenn einer ihn anmachte »Warum machst du sowas?«, konterte er ruppig: »Ich mach noch ganz andere Sachen.« Der Nachfahr von Peter Hille hatte mit Karl Kraus und François Villon viel am Hut. Seine Lieblingsheldin in der Wirklichkeit? Petra Kelly. Wolf Biermann, Franz-Josef Degenhardt, Hanns-Dieter Hüsch, Dieter Hildebrandt – alle rühmten ihn. Die SPD warf ihn raus. Willy Brandt schrieb ihm: »Es ist Ihr gutes Recht, den Krieg in Vietnam so beurteilen, wie Sie es für richtig halten.« Blätter, Medien, Verlage nannten die Berliner Kodderschnauze Absurdist, Klaubautermann, Berliner Hofnarr, Rowdy; die taz nannte den Hanswurst und Zotenreißer »Springteufel«, die FAZ »Zwerg Mundwerk«, der dann aber doch das Urerlebnis jedes scharfzüngigen Windmühlenbekämpfers zu spüren bekam: Fiese Witze perlten an Regime, Umwelt und Welt ab wie wunderbare Wahrheiten, so nutzlos wie ineffektiv, als wär die Welt identisch mit Mauerbauer Adenauer (und vor allem allen anderen). Die dem Stadtfeind, verlorenen Sohn, Moralisten, Könner, Brettl-Helden abends lachend applaudierten, arbeiteten tagsüber wieder in der Waffenbeschaffung. Die mit Weltverbesserung beglückt mitlachende Welt rollte stur weiter, verblüffend unverbesserlich. Der fulminante Hochleistungsspötter der Nation, der sattelfest engagierte Stänkerer und kaputte Keller-Guru hängte seine Engagiertheit an den Nagel. Den Namen, den sich der Volksfeind, Running Gag, Dreinschläger, Verquerkopf, Mittelstürmer, Suppenkaspar gemacht hatte, legte er ab. Als er totgesagt wurde, und dann auch das ganze Kabarett, wurde dieses von der Stimmungskanone »eine quicklebendige Leiche« genannt. Kaum wurde es um den »Metzger aus Breslau« stiller, wurde es um den langhaarig zahnlosen Haschbruder gleichen Namens (Kosename: Indianerfrau) wieder etwas lauter. Der letzte Späthippie wurde zum ersten Punker. Im sauren Regen der verflicksten Be Er De hüllte er sich in süßen Nebel – und konnte 20 LSD-Trips auf einmal nehmen, ohne sich was anmerken zu lassen. Wegen Drogenbesitz bekam »der gefallene Engel aus Kalau« mehrfach Probleme. Vor Gericht trompetete der Werwolfgang heraus, stets unnormal gewesen zu sein, als Berufskrankheit, und 6000 LSD-Trips geworfen zu haben, da sagte der Staatsanwalt: »Da würde ich eine Einweisung in eine psychiatrische Anstalt erwägen.« Acht Monate auf Bewährung. BILD titelte auch gern mal: »Neuss in der Nervenklinik«. Dort redete Neuss so lange mit dem Chefarzt, bis dieser wie Neuss redete. Wenige Monate, bevor er den Mauerfall miterleben konnte, hinterließ er Frau und Tochter.

Neuss, vom Zeitgeist geritten und Zeitgeist peitschend, veraltete unvergeßlicherweise so wenig wie Tucho und Kraus. Kaum aber wußten immer weniger Leute, wer Lübke, Stoltenberg, Blüm, Strauß, Springer, Kohl, Breschnew, Trotzki, Hitlerjunge Quex, Dr. Oetker, Pellkartoffeln, Marshallplan, FC Köln, LPG-Traktoren, DDR, Vietnam, Uganda gewesen sein könnten, bekam Neuss Probleme, sich im Gedächtnis derer, die ihn nicht mehr kannten, unauslöschlich festzuhaken, trotz seiner 54 Filme und vieler Tonträger.

Worte von W. Neuss: Wer sich umdreht oder schreit, verspielt sein warmes Narrenkleid. – Merke: Wer nicht haargenau wie die CDU denkt, fliegt glatt aus der SPD raus. – Du sollst nicht töten, aber abschrecken darfste. – Aus einer Rakete kann man auch einen Aussichtsturm machen. Dann ist Abrüstung ein Geschäft. Vorausgesetzt, die Gegend ist schön. – Amnestie für alle. Besonders aber für Jeden. – Auch Vollzugsbeamte haben ein Recht auf den Betriebsausflug. – Der Skandal beginnt dort, wo die Polizei ihm ein Ende machen will. – Perspektive gleich Null? Das Denkbare lassen, das Undenkbare tun! – Weil die Chinesen letzten Endes doch an der deutschen Teilung schuld sind. Was die später mal alles mit uns machen wollen, nur weil wir sie heute hungern lassen. – Leasingmama sucht Leihmutter für Schreckschraube mit Linksgewinde. – Meinetwegen Wiedergeburt. Aber nur bei Arbeitsplatzgarantie. – Tunix ist besser als arbeitslos. – Lieber Rotwein als Totsein. – Kein Schwanz ist so hart wie das Leben. – Legal, illegal, scheißegal. – Westdeutsche Nation, ostdeutsche Nation, Resignation. – Die Mauer steht nun schon jahrelang; nun kannse weg. – Laßt uns die Mauer einreißen, aber fragt mich nicht wie. – Mauer, wir werden langsam sauer. – Vieles ging in Berlin in Trümmer. Aber nicht der Berliner Humor. – Kohl in Peking – der Schwarze will die Gelben vor den Grünen warnen. – Wir sind uns einig – auf deutschem Boden darf nie mehr ein Joint ausgehen. – Rettet den Ozongürtel! – Wollt ihr den totalen Neuss? – Sei menschlich, auch im Waffenstillstand!

W. Neuss über sich selbst: – Ich bin kein Beispiel, ich bin ein Vorspiel. – Ich bin ein Utopiepel. – Ich wäre gern eine Straßenbahn. Da hätt ich Fenster. Und man könnte aus mir winken. – Ich hab das Gefühl, in der Milch ist was Weißes drin. – Ich warte auf mein drittes Auge. Ich hatt's zwar schon, aber noch nicht an der richtigen Stelle. Bis es soweit ist, arbeite ich. – Ich fühle mich irre gesund. Achten Sie auf das Wort: IRRE. – Ich mache mich seit zehn Jahren in Berlin ständig ein bißchen straffällig, um die andere Million Gesetze richtig einzuhalten. Wie machen Sie's? – Ich lache Tränen, heule Heiterkeit. – Da wo mein Müsli dampft, da bin ich unverkrampft. – Da beschloß ich ungebeten, einige in'n Arsch zu treten. – Merken Sie, wie ich die Sprache knete? Det hab ick von Goethe. – Mein ganzes Streben war immer, nicht ein Mensch wie jeder andere zu sein. Und kein Mörder zu werden, da hab ich natürlich drauf geachtet. Das war mein Streben. – Sexuell war vor der Währungsreform viel los! Mit der eigentlichen Erotik fing es erst sehr spät an. Erst mit 35 Jahren hatte ich mein erstes erotisches Erlebnis. – Meine Witze sind wie Cruise Missiles: Kurze Vorwarnzeit – verheerende Wirkung. Totaleinschlag! Und?? Keiner hat was gemerkt. So sind meine Witze. – Ihr solltet mir einen leichten Größenwahn zubilligen, damit ich keine Minderwertigkeitskomplexe habe. – Es war ein erhabenes Gefühl, mich nach wie vor im Vollbesitz meiner uneingeschränkten Phantasie zu wissen. – Ich war doch mal'n berühmter Mann. Ich war sogar berüchtigt.

Andere über W. Neuss: Dieser Mann ist entweder gefährdet, gefährdend oder gefährlich! (*Friedrich Luft, 1951*) – Neuss ist einfach unbeschreiblich. Er ist einmalig. Gott sei Dank! (*Wolfgang Müller, 1958*) – Er wußte um seinen baldigen Tod, aber er kam gut mit ihm zurecht. (*HNA, 1989*) – Wie der ganze, totale Neuss nur zu voller satirischer Sumpfblüte erblüht, wo man den Tonfall dieses kritischen Geistes im Ohr hat, ihn sanft säuseln, ironisch schmachten und hinterfotzig Süßholz raspeln, ihn aufgebracht krächzen, krakeelen, schimpfen und zetern hört. (*Volker Kühn, 1981/97*) – Wir frühstückten dann an der Ecke im Café Möhring und danach in der Wohnung stellte ich das Tonband an, der Vulkan sprudelte los und ließ Lokalklatsch und Globalstrategien, Privatclinch und Weltkrieg, Kleinkunst und Großkultur, Tagesaktualität und Ewigkeit kollidieren, in einem Satz. (*Mathias Bröckers, Hanfblatt 06/2001*)

Inhalt

Reisender Greis kreist um weiche Weisheit
Laozi – Archivar, Staatsbeamter, Dao-Denker (6. Jh. v.Chr.) 19

Es ging eine Seele auf Reisen
Hermotimos aus Klazomenai – Ehetrottel, Wackelkandidat,
Astralwanderer (um 650 v.Chr.) 24

Als Hundekönig im Unflat auf Menschensuche
Diogenes von Sinope – Kyniker, Provokateur, Parasit (414 – 323 v.Chr.) 27

Vielleicht ein hellerer Kopf als Simon Petrus
Simon Magus aus Samaria – Gnostiker, Gottmensch, Thaumaturg
(1. Jh. v. und n.Chr.) 36

Was tut ihr in meiner Hose?
Liu Ling – Daoist, Reisweintrinker, Weisheitsschlürfer
(um 220 – ca. 280 n.Chr.) 42

Seine Dämonen machten ihn berühmt
Antonius von Ägypten – Eremit, Asket, Pilotmönch (251–356 n.Chr.) 44

Absichtlich noch verrückter als normale Verrückte
Buhlul – Tagedieb, weiser Idiot, Stadtnarr (ca. 740–805) 54

Mit irdischem Ochsen ein Felsenmeer pflügen
Han Shan – Wildnis-Dichter, Gebirgs-Einsiedel, Dao-Buddhist
(um 650 n.Chr.) 59

Er suchte Laila selbst im Straßenkot
Madschnun – Liebeswahnsinniger, Verzweiflungsdichter,
Wüstenbewohner (um 670 n.Chr.) 65

Statt Hokuspokus und Pipifax – Nirwana
Milarepa – Samsara-Auflöser, Dichter-Yogi, Brennessel-Eremit
(1040–1123) 74

Selbst wenn die Sonne rostig würde – ein schlagfertiger Zwitter
Muzabbid – grober Narr, Spottvogel, Schwuchtel (Mittelalter) 80

Maso-Pedant, erlöst von Bruder Spatz und Buddha
Franziskus von Assisi, der »Spielmann Gottes« – Minderbruder,
Ordensstifter, Vogelprediger (1182–1226 n.Chr.) 84

Der Vater meines Sohnes ist gestorben
Hodscha Nasruddin – Erzschelm, Blasphemiker, Sexmolch
(13. Jahrhundert) 93

Ganz Tibet und China erröten heut noch
Drugpa Künleg – Wanderheiliger, Tantra-Scherzbold, Zauberbuddha
(1455–1570) 101

Ein Tropfen Humor im Christentum
Filippo Neri, der Apostel Roms – Seelenführer, Beichtvater,
Spaßmacher (1515–1595) 107

Der geistlich Ärmste, der je nach oben stieg
Giuseppe da Copertino – Einfaltspinsel, Verzückungstrottel,
Flugheiliger (1603–1663) 114

Erleuchtung blieb aus, aber Moskitos kamen reichlich
Tukaram – Kleinstwarenhändler, Vishnu-Mystiker, Marathi-Dichter
(1607–1649) 118

Sympathischer als Till Eulenspiegel
Herschel von Ostropol – Spaßvogel, Hungertuchnager, Schnorrer
(um 1750) 122

Vor lauter Mond vergaß er Gast und Wein und Welt
Ryokan Daigu – Zen-Buddhist, Bettelmönch, Einsiedel (1758–1831) 127

Nix G'wiß woas ma ned – der putzige Postbringer von München
Finessensepperl – Liebesbote, Stadtnarr, Lokalheiliger (1763–1829) 136

Zuspätromantik als realpolitisches Kuckucksei
Ludwig II. von Bayern – Märchenprinz, Bauherr,
Lust- und Luftschloßarchitekt (1845–1886) 140

Letzter Späthippie wurde erster Punker
Wolfgang Neuss – Polit-Clown, Querkopf, Sponti (1923–1989) 146

Abbildungsverzeichnis

Rasputin und Gustaf Nagel – heilige Narren zwischen Normalbürgern; das Nagel-Foto stammt aus dem sogenannten »nagel archif« in Arendsee.

Narrentreiben im pausenlosen Mittelalter – Kompilation diverser älterer Darstellungen

Auto-Gurus – Auch Gurus wollen – jenseits von Zeit und Raum – manchmal ganz normal sein und die Verkehrsmittel ihrer Zeit benutzen.

Obergurus und göttliche Greise – Kompilation mythischer Vollbartträger

Narren in Christo & Buddho – endlich alle beisammen! Kompilation heiliger Gestalten

Laozi – Holz- oder Linolschnitt von Unbekannt, entnommen der Zeitschrift »Illustration 68«, ca. 1989; hinterlegt mit einem Holzschnitt aus dem neuen China

Diognes von Sinope – seine authentischste Statue optisch etwas verfleischlicht und verlebendigt, hinterlegt mit antiker Szenerie aus einem Diogenes-Gemälde des 19. Jahrhunderts

Simon Magus – Ausschnitt aus dem Gemälde von Avanzino Nucci: »Petrus' Auseinandersetzung mit Simon Magus«, 1620

Liu Ling – hier auf einer chinesichen Tuschzeichnung einer der sieben Weisen vom Bambushain

Antonius von Ägypten – Ein authentisches Bildnis aus so alten Zeiten gibt es nicht; hier auf einem nachträglichen Gemälde von Lucas Cranach

Buhlul – Darstellung auf einer zeitgenössischen Publikation im Vorderen Orient, gefunden und freundlich zur Verfügung gestellt von Prof. Dr. Ulrich Marzolph, Göttingen

Han Shan – zusammen mit Li Örl, seinem lachenden Kompagnon, auf einer klassischen chinesichen Pinselzeichnung, wie man ihn sich Hunderte Jahre später vorstellte

Madschnun – Keiner weiß, wie er aussah, aber Madschnun und Laila wurden besonders oft dargestellt, hier auf einschlägiger orientalischer Miniatur.

Milarepa – vielfach als Einsiedler im Gebirge meditierend dargestellt, aber stets Jahrhunderte später; hier ein typisches Beispiel

(Von Muzabbid konnte nicht mal ein nachträgliches Bildnis gefunden werden.)

Franziskus von Assisi – die acht authentischsten und bekanntesten frühen Porträtdarstellungen auf ein einziges Bild zusammengedrängt, mit passenden Kitschanleihen späterer Legendisierungspraxis

Hodscha Nasruddin – bekannte Darstellung aus der Türkei, aufgepeppt mit allerlei orientalischen Bausteinchen

Drugpa Künleg – die einzige bekannte, aber natürlich nachträgliche Darstellung

Filippo Neri – Montage aus der authentischen Totenmaske und dem bekannten Gemälde bei Lebzeiten, zur Erzielung einer neuen glaubhaften Authentizität

Giuseppe da Copertino – hier eine schlichte Zeichnung, im Gegensatz zu den vielen opulenten Gemälden, in denen er als Flugheiliger Staunen erregt

Tukaram – eine der vielen beliebten, nie ganz unkitschigen Darstellungen, typisch Asien

Herschel von Ostropol – wie ihn sich ein Kinderbuchautor vorstellt

Ryokan Daigu – Von ihm weiß man ungefähr, wie er ausgesehn hat; hier ein Beispiel, wie er mit einem Kind spielt.

Finessensepperl – zeitgenössische oder kaum sehr nachträgliche Zeichnung

Ludwig II. von Bayern – Ausschnitt aus einem zeitgenössischen Gemälde

Wolfgang Neuss – ein recht fotorealistisches Gemälde

Sonnenblume in bewaffneter Betonwüste

Petra Kelly – Friedensaktivistin, Umweltschützerin, Nervenbündel
(1947–1992)

Petra Karin Lehmann kam vaterlos aus schwäbischem Günzburg. Starke Omabindung zur Grußmutter als Ersatzmutter; katholisches Mädcheninternat. 1959 folgte die Familie dem Stiefvater und schneidigen Offizier John E. Kelly in die USA, wo die sprachbegabte Petra in Washington an die Highschool ging; Berufsziel: Diplomatin. American University Washington; 1967 frauenbewegtes Engagement im Studentenrat. Politische Wissenschaften in Amsterdam; Magisterabschluß. 1968 bekam sie mit Schwester Grace (1959–70; Augentumor) eine Papstaudienz. Wahlhelferin und Dozentin Petra (1979 SPD-Austritt) lief in Demonstrationen gegen Rassismus und Vietnam sehr aktiv mit, als angehende Verwaltungsrätin einer EG-Behörde in Brüssel, Vorstandsmitglied in Bundesverbänden, Umweltschutz-Bürgerinitiativen, Mitglied Westeuropäischer Union, Europarat, Deutschem Bundestag an Info-Ständen, beklebt mit Sonnenblumenpostern, oder mit BASF-Weichplastik-Regenhaut im Dauerregen, und verteilte mit Blumen, die aus Soldatenhelmen wuchsen, Flugblätter an vorbeihastende Regenschirme (we shall overcome); zeitweise liiert mit EG-Kommissionschef Sicco Mansholt (39 Jahre älter als sie), dem katholischen Gewerkschaftsführer John Carroll (20 Jahre älter) – Abtreibung, Nelkenstrauß. Sie gründete die Grace Patricia Kelly Stiftung für krebskranke Kinder und tat damit als Gutmensch viel Gutes, wie Florence Nightingale, Mildred Scheel, Doris Schröder-Köpf u.a. Leitmotive: politisches Engagement, Zivilcourage, Nonkonformismus, Feminismus, Liebe zu den Menschen. Vorbilder dieser oft »grüne Petra« bzw. »Rosa« Genannten (wie Rosa Luxemburg): Jesus, Gandhi, Cesar Chavez, Dorothy Day, Martin Luther King, Albert Schweitzer. Lieblingsautor: Khalil Gibran. Lieblingstier: Möwe. Die sich, wie Elisabeth Kübler-Ross, auch sehr interessiert an den spirituellen Aspekten des Lebens zeigte, sprach vom »Einssein in der Wirklichkeit«. Privat litt sie an Einsamkeit oder Kontaktsucht, auf höherer Ebene an der viel zu rationalen, inhumanen, kalten Welt, die zu atomarer Müllhalde anwuchs.

1980 traf sie auf einer Diskussionsveranstaltung über Frauen und Militär den Bundeswehr-General Gert Bastian (geb. 1923), Kommandeur der 12. Panzerdivision (24 Jahre älter als sie; seit 40 Jahren glücklich verheiratet), in dessen wenig hartkantiger Physiognomie sie einen James-Stuart-Typ erblickte und der unter ihrem liebevollen Einfluß Kreide fraß, zum »Friedensgeneral« sich läuterte (wie damals der buddhistische Kaiser Aschoka) und mit ihr gegen den Nato-Nachrüstungs-Doppelbeschluß kämpfte, was man sich von außen nur so erklären konnte: ferngelenkt von Moskau oder DDR. 1983 zog Bastian, nach dem rauschhaften grünen Wahlsieg (5,2%) und Einzug der Grünen ins Parlament mit Rotwein, Turnschuhen und Plastikgrün im Haar, als ständiger Begleiter und Lebensgefährte zu ihr ins Reihenhaus in Bonn, Ortsteil Tannenbusch. Gemeinsame Aktionen und Sitzblockaden beim Kampf für Umwelt, Frieden, Menschenrechte; auf Großkundgebungen (Krefelder Appell), im bayrischen Wahlkampf, Parlamentsdebatten, Pressekonferenzen, »Künstler für den Frieden«, mit Dietmar Schönherr, Franz Josef Degenhardt, Konstantin Wecker, Harry Belafonte. VIP-Auftritte des konvertierten Militärs und der hektischen Idealistin mit Willy Brandt, Gorbi, Erich Honecker und dem Dalai Lama Nr. 14. Mit Rudi Dutschke trat sie für einen ökologisch-selbstverwalteten emanzipativen Sozialismus ein. In Talkshows redete der »feministische Wasserfall ohne Punkt und Komma« alle an die Wand; häufige Termini hierbei: gewaltfreier Kampf, Verantwortung übernehmen, ziviler Ungehorsam, Mut machen für den Frieden, Rechtsverletzungen, Gewaltmonopol. Ihre Lady-Di-Frisur: zeitgeistgebundene Zufallsparallele. Daß eine Demokratie wie die BRD Giftgastransporte in die Türkei erlaubte, nahm Petra Kelly psychisch schwer mit. Sie engagierte sich für Aborigines, Indianer, Krebskinder, Strahlenopfer, Antiatombewegung auf Tasmanien, Transportarbeitergewerkschaft in Irland. Stets contra & pro: contra Obrigkeitsgehorsam, Volkszählung, Rechtsradikalismus, Todesstrafe, Apartheid, Kinderarbeit; contra Anpassung der Grünen an die Etablierten. Für eine Kirche der Schwesterlichkeit. Ihr Arbeitstag betrug 12–16 Stunden, auch an Wochenenden. Workaholismus ging über in Megastreß. Ein erstes freies Wochenende gab es oft erst mitten im Sommer. Oft schlug sie den Jahresurlaub in den Wind und bekam 1982 den alternativen Nobelpreis. Nicht nur Hans-Dietrich Genscher, FDP, nannte Kelly & Bastian, die zu Symbolfiguren aufstiegen, seine »Lieblingsgrünen«. Universitäten in Hawaii und Washington boten Professuren an. In den USA war sie zunächst berühmter als Helmut Kohl. »Women strike for Peace« kürte sie zur »Frau des Jahres«. Die Sunday Times rechnete Petra Kelly zu den tausend überragenden Jahrhundertfiguren. Parteibasis warf ihr Starallüren vor. Genossinnen wehrten sich, ihre übertriebenen Auslandsflüge (dreimal Washington in einem Jahr) zu finanzieren; sie hatte auch noch Oma Kunigunde und ein tibetanisches Pflegekind zu versorgen. Sich mitten im Weltuntergang in Reisespesendiskussionen zu verzetteln, fand sie kleinlich. Neben ihrer grünen Weltverbesserung erschienen ihre Parteigenossen arg ortsgebunden. Ihr väterlicher Weggefährte, Mitstreiter und Beschützer Gert, mit dem sie auch ausgelassen, ja infantil albern konnte, stärkte der langfristig ausgebuchten, weltweit als Vorzeigerednerin auftretenden Jeanne d'Arc der Grünen pausenlos den Rücken, allein 1987 Spanien, Frankreich, zweimal Moskau, Ost-Berlin, Los Angeles, Den Haag etc. Sie rieb sich auf als Donna Quixote, im Kampf gegen atomaren und ökologischen Holocaust, Mammon und Moloch anrennend, Konzerne, Lobbys, Institutionen, Graue Eminenzen, Drahtzieher, kurz bevor erträglicher Spätkapitalismus in unverantwortlichen Turbokapitalismus überging. Militärhubschrauber plädierte sie umzufunktionieren in Rettungshubschrauber – und das Vaterunser in »Mutter unser«. Fast immer sehnte sie sich umsonst nach Natur und Ruhe. Allein zu Haus mit Faxgerät, Amnesty International-Korrespondenz und Papierkram fiel ihr die Decke auf den Kopf. 1989 Liebschaft mit dem Arzt Palden Tawo aus Tibet. Das Drama »Der alte Mann und das Mädchen« bzw. »Die Pazifistin und ihr General« eskalierte. Grenzen psychischer und anderer Belastbarkeit wurden überschritten. Er konnte nicht verknusen, wenn sie im Autoradio Gebetsmusik aus Tibet dudeln ließ, Langtuben, Mönchskontrabässe. Sie hetzte von Applaus zu Wasserwerfer, garniert mit Morddrohungen. »Pettilein« mutierte zur verletzlichen Streßnudel, multiphon angekränkelt, alles andere als autark, histrionisch mit halonierten Augen, halb Nervensäge, halb Nervenbündel, eine gestreßt stressige Prinzessin auf der Erbse, immer auf Achse; der zum Hausmann, Lakaien, Laufburschen und Kofferträger degradierte Panzergeneral »Gertilein« ging alsbald an Krücken, unfallbedingt. Bisweilen schwor das Paar, sich nie wieder zu streiten. Ausgerechnet der gewandelte, von Humanitärem Sozialismus tangierte, von Aristoteles' Katharsis sublimierte Friedensaktivist, hochrangige Pensionär und Pantoffelheld griff plötzlich zur Knarre, beruflich naheliegend, wenngleich eigentlich längst programmatisch für immer abgelegt. Wort wurde Tat. Ein General, auch physiognomisch Sympathicus und Everybodys Darling, voll Ritterlichkeit, statt sich zu begnügen, potentieller Mörder zu sein, wurde reell zum Meuchelmörder bei Nacht. Der tagsüber für Gewaltfreiheit demonstrierte, erschoß nachts als sanfter Unmensch und Mr.

Hyde seine renommierte Lebensgefährtin und richtete dann sich selbst. Petra Kellys Kampf für Liebe & Versöhnung, bevor er an Patriarchat & Gewaltherrschaft scheiterte, lief dem Feind im eigenen Bett entgegen – Hinrichtung ohne Schuldspruch. Suizid wär verzeihlicher gewesen. Persönliche Demütigung fiel der ideellen Mission in den Rücken. Äußere und innere Gewalt koinzidierten auf beiden Ebenen. Mythisch gesagt: Schutz-

Petra Kelly: »Man muß sich selbst verändern, ehe man die Welt da draußen versucht zu verändern.«

engel killte Schutzbefohlene. Heiliger Christophorus kippte zurück zum Reprobus; Heiliger Eustachius betätigte sich plötzlich wieder als Jäger. Mystisch gesagt: Bevor sie im Ozean ertrank, stolperte sie über ein Tröpfchen. Auf Don-Quixote-Ebene: Bevor die Windmühlen/Rüstungskonzerne sie vom Pferd wischten, brachte ausgerechnet Bauerntölpel Sancho Pansa einen überkandidelten Ritter um. Boulevard faselte von Eifersuchtsmord und Stasi-Spitzeln, die der Aufdeckung durch Freitod entgingen...

„Ulrich Holbein ist der Witz in seiner anmutigsten Gestalt (...), der größte Philosoph unter tausend eselhaften Professoren, ein liebevoller Spötter, der die Räume zwischen Himmel und Erde im gigantomanischen Flug durchstreift und mit der Leselupe jeden Winkel durchstöbert, wohin seine Sprache reicht -- und sie reicht weit -- sehr weit -- grenzenlos weit, jedenfalls weiter als die Möglichkeiten derer, die sein Genie zu beschreiben versuchen, ohne zum Opfer seiner Satiren zu werden." Beatrix Langner, Im Erker

„In all diesen Nischen noch ein wenig zu stecken und sich dank enzyklopädischer Bildung und ungebändigten Sprachwitzes dennoch weit darüber erheben zu können – darin besteht Ulrich Holbeins große Kunst."
Ronald Düker in „Literaturen"

Lieber eine falsche Weltsicht als gar keine Flügel!

Ulrich Holbein
Heilige Närrinnen
22+4 Lebensbilder
Geb. mit SU, 160 S.,
Format: 12,5 x 20 cm,
ISBN 978-3-86539-276-3

mehr unter:
www.marixverlag.de